歴史文化ライブラリー
503

日本の開国と多摩

生糸・農兵・武州一揆

藤田 覚

吉川弘文館

目　次

治安の悪化

奥多摩町
青梅市
瑞穂町
清瀬市
羽村市
東村山市
武蔵村山市
東久留米市
日の出町
東大和市
福生市
西東京市
檜原村
あきるの市
小平市
立川市
昭島市
国分寺市
武蔵野市
小金井市
国立市
三鷹市
府中市
日野市
八王子市
調布市
多摩市
稲城市
狛江市
町田市

図1　多摩地域図

幕末の多摩――プロローグ

嘉永六年（一八五三）のペリー来航、とくに安政六年（一八五九）の開港・自由貿易の開始は、日本の政治・経済・社会・文化のあらゆる面に未曾有の大変革を迫った。それは、全国津々浦々を巻き込んだものであり、多摩も例外ではない。

本書は、ペリー来航、開港・自由貿易開始から慶応三年（一八六七）頃までの間に、多摩という一地域において、政治・社会・経済の面で何が起こったのか、それを具体的にみることが目的である。とくに開港以降の地域社会の変化は、偏差はあるものの全国的であり、多摩の変化はその一例であり、また一部でもある。多摩にとって、一六世紀末から一七世紀前半、豊臣政権の全国統一による北条氏の没落、徳川氏の関東入部、江戸幕府の成立、そして幕藩制国家の成立という新たな政治秩序に大きな影響をうけて以来、約二五〇年ぶりの大変化に直面したのである。

以下、つぎの点から、幕末期の多摩に起こった大きな変動の実態をみてみたい。

①政治の面では、幕府領と旗本領が多い多摩はその動向からもろに影響をうけた。幕府と旗本から献金、御用金などの名目で、金銭的な負担が転嫁された。さらに、幕府陸軍歩兵隊の創設に伴う兵卒として、旗本兵賦、幕府領兵賦により百姓が徴発され、それまでとは異質の軍事的な負担が課された。百姓身分が、兵となり銃をもって戦闘に動員された。

②多摩は、幕府領・旗本領・寺社領などが複雑に入り組んでいたため、もともと治安の面で弱点を抱えていたこともあり、ペリー来航以降、ますます治安は悪化していった。幕府から命じられる治安維持のための負担が増加し、幕府の禁止令にもかかわらず百姓の武芸稽古はさかんになった。幕府領（江川代官支配地）では農兵が創設され、多摩の住民は上層農民を中心に、ヒトとカネの面で負担させられた。また、幕府は、政治・経済の基盤ともいうべき関東地方の支配強化策を打ち出し、その一環として勘定所八王子宿陣屋の新設が目論まれたことなどが特筆される。

③国内でほぼ完結していた生産と流通が、開港・自由貿易の開始により国外にも向けられた。そのなかで、近世史では前例をみない物価高騰が全国で起こり、多摩の住民の生活にも甚大な影響を与えた。生糸輸出の隆盛は、多摩でも養蚕・生糸生産の活況を生み、養蚕・生糸農家と横浜向け生糸商人に多額の富をもたらした。しかし、養蚕・生糸生産は、天候や幕府の貿易政策・流通統制に左右される不安定さをもち、地域社会を不安定化させる要因ともなった。また、生糸輸出による糸不足は、発達していた絹織物産業に甚大な打撃を与えた。

④異常な物価高騰、生糸生産・輸出の活況による富の獲得と不安定な養蚕・生糸への依存は、豊かな者はますます豊かになり、貧しい者はますます困窮するといわれたような極端な経済格差を生んだ。慶応二年六月の武州一揆は、開港・自由貿易と幕末政治・軍事闘争がもたらした矛盾の爆発ともいうべきである。だが、養蚕・生糸生産の発展した、武蔵国秩父（ちちぶ）地方（埼玉県秩父市）および陸奥国信達（しんたつ）地方（福島県東北地域）で、大一揆がなぜほぼ同じ六月に起こったのかを考える必要がある。

開国・開港以降、このような政治・社会・経済の面での変化・変動が複合して地域社会にのしかかり、住民に甚大な影響を与えた。多摩に何が起こったのか、養蚕・生糸、農兵、武州一揆などを軸に、具体的かつ丹念に掘り起こし、開国・開港が地域社会にとってもった意味を、武蔵国西部に位置する多摩を事例に、相模国北部、武蔵国北部、さらに上野国（こうずけ）を視野に入れて考えるのが本書の課題である。

なお、現八王子市域に関わる史実は、『新八王子市史』通史編3・4、近世上・下と『新八王子市史』資料編3・4、近世1・2により、いちいちの典拠を省略した。また、地名については現在の市町村名をカッコ内に、多摩地域における位置を冒頭の図1、関東および伊豆における位置を図10（一一六頁）に示した。現八王子市内については、江戸時代の村の位置を図3（二四・二五頁）に示した。

幕末の歴史と多摩

多摩と幕末政治史

嘉永(かえい)六年（一八五三）六月のペリー来航から慶応(けいおう)三年（一八六七）一二月の王政復古まで、わずか一四年で江戸幕府が倒れ新政府が樹立された。短時日に闘われた目まぐるしい政治・軍事闘争は、多摩の歴史にも深く大きく関わっている。幕末に多摩で起こった出来事を理解する助けに、幕末政治史を簡単におさえておこう。

ペリー来航と献金

中国はアヘン戦争に敗北し、一八四二年（天保一三）にイギリスと南京(ナンキン)条約を結んで翌年から上海(シャンハイ)など五港を開港した。アメリカ、フランスも条約を締結し、中国市場へ進出していった。欧米列強は日本へ視線を向け、琉球を含む日本の港に艦船をしきりに派遣した。そして、嘉永六年六月、アメリカ合衆国の東インド艦隊司令長官ペリーが、使節として浦賀に来航した。軍事的な威嚇を交えながら大統領書簡を幕府役人に受け取らせ、来春の再来航を告げて退去した。また同年七月、早くから対日関係樹立に取り組んできたロシアから、使節のプチャーチンが長崎に来航し、通商関係と国境確定を要求した。

回答を迫られた幕府は、アメリカ大統領書簡を朝廷に報告するとともに、全大名と幕臣に書簡を公表し対応策の提出を求めた。幕府が政策決定の前に大名らの意見を聞くのは前例のない措置で、諸大名に幕政参加の道を開くことになり、幕末政治史の転機となった。

幕府は、ペリー再来航に備え軍事力の強化を図った。まず嘉永六年八月、江戸防衛のため伊豆韮山（静岡県伊豆の国市）代官の江川英龍が献策した品川台場築造に着手、九月には武家諸法度で禁止していた大船建造を許可し、軍艦の建造と輸入による海軍の創設に踏み出した。大名や幕臣を江戸湾防備に動員するとともに軍備強化を求めた。幕府からは、武蔵国多摩郡鑓水村の御林山（幕府所有の林）の松・杉の伐採や献金、旗本（将軍に御目見得できる知行一万石未満の幕臣）からは軍用金・御用金など、重い負担が多摩住民に課された。

ペリー艦隊は嘉永七年正月、予告通り再来航した。軍事的威嚇をうけた幕府は、三月に日米和親条約を締結し、伊豆国下田（静岡県下田市）と箱館（北海道函館市）の開港、石炭や食糧の供給、漂流民保護などを取り決めた。ついでイギリス、ロシアとも条約を結んだ。貿易は認めなかったが、「鎖国」から開国への一歩を踏み出した。

幕府は、対外的危機に対応するため、幕政改革に取り組んだ。その中で、軍事力の強化のため、安政元年（一八五四）一二月に講武場（同三年四月に講武所）を設置し、幕臣らに伝統的武術とともに西洋砲術を教授した。同じ頃、代官江川英龍の子英敏は、幕府から芝（港区）に六六〇〇坪の土地を拝領し、芝新銭座屋敷に大小砲習練場を開設した。八王子千人頭（八王子市千人町に在住し、千人同心を指揮して日光火の番などを担った旗本一〇家）、農兵などが、そこで洋式銃砲の教育をうけた。

通商条約調印と開港

老中の阿部正弘は安政三年（一八五六）八月、貿易により富国強兵を図るという方針を表明した。幕府が想定していた貿易は、官営（幕府直営）か長崎で行われていた会所貿易（管理貿易）だったが、安政三年七月に下田に着任したアメリカ総領事ハリスにより一蹴された。幕府は安政四年一〇月、国際情勢の変化により寛永以来の「鎖国」制度を変更せざるを得ないと表明し、自由貿易を骨子とする通商条約を締結する方針を表明した。

幕府が諸大名に意見を求めると、通商条約やむなしの意見が多かったものの反対論もあった。幕府は、天皇権威を利用して異論を封じるため、条約調印の前に勅許（天皇の許可）を求めることにした。幕府が政策決定にあたり事前に天皇の許可を求めたのは、前代未聞の措置で、勅許は簡単に得られるという楽観論があった。幕府は、「鎖国」から開国・開港への大転換にあたり、天皇を政治利用した。しかしこの措置は、天皇を現実政治の場に引き出してその権威を急浮上させ、天皇が幕末政治の焦点に躍り出る結果となった。老中の堀田正睦は安政五年正月、上洛し条約勅許を天皇に願い出た。堀田らは国際情勢の変化を説いて説得したが、孝明天皇は条約反対・鎖国維持を主張し、諸大名らに諮ったうえで再度伺うようにと回答したため、幕府は条約勅許の獲得に失敗した。

幕府では安政五年四月、井伊直弼が大老に就任し、アメリカ総領事ハリスが、アロー戦争で中国に勝利したイギリス・フランス連合軍が日本に押し寄せると威嚇したため、六月に勅許を得ぬまま条約に調印した。そして、オランダ・ロシア・イギリス・フランスとも通商条約を結び（安政の五カ国条約）、日本は資本主義的世界市場へ強制的に編入された。幕府の行為は、外国に屈した違勅調印として激しい批判を巻き起こした。

この通商条約は、神奈川（横浜）・長崎・箱館・兵庫（神戸）・新潟の五港開港と居留地

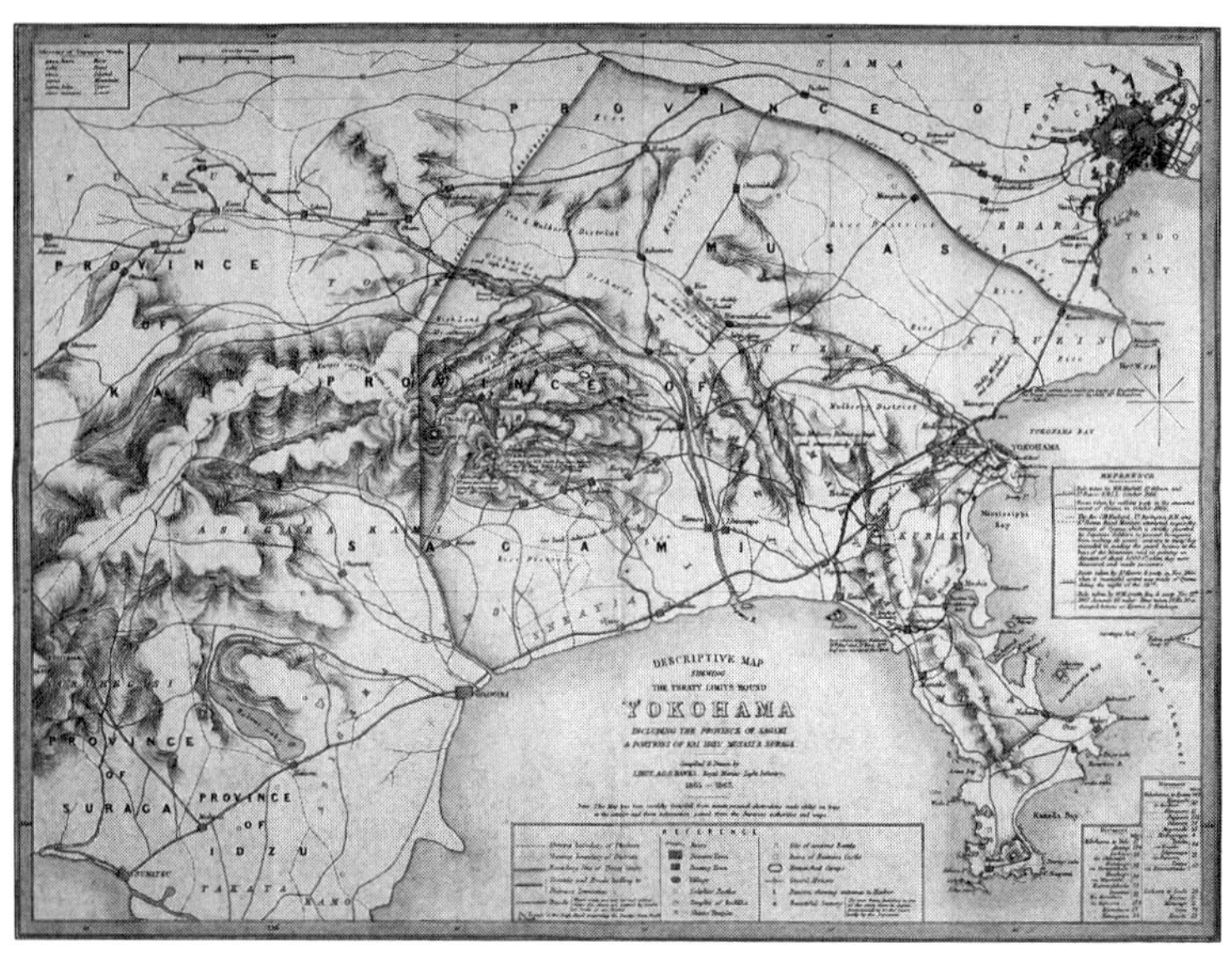

図２　横浜周辺外国人遊歩区域図（横浜開港資料館蔵）

設置、自由貿易を骨子としていた。領事裁判権（いわゆる治外法権）、協定関税制（日本側に関税率を自主的に決定する権限なし）などが含まれた不平等条約だった。外国人が自由に日本国内を旅行して商取引できる内地通商権を認めなかったが、横浜から一〇里（約四〇キロ）四方は外国人遊歩区域として認められ、多摩にも外国人が頻繁に来ることになった。

開港と地域社会の変動

安政六年（一八五九）六月の三港開港から、ただちに自由貿易が始まり、横浜を中心に貿易は急速に発展した。民衆は、ほぼ国内で完結していた流通が外国へ開かれ、目の前に生まれた商機に乗り遅れまいと、堰を切ったように貿易に乗り出していった。輸出品では生糸が圧倒的に多く、輸出額は急速に増大したため、養蚕が全国的に取り組まれ生糸生産は大いに発展した。貿易を支えた力は、このような民衆の経済活動だった。生糸生産地や集散地は貿易利益により潤ったものの、絹織物業は生糸不足と価格高騰により不振に陥った。大量の綿糸・綿布の輸入は、国内の綿花と綿織物業に大打撃を与えた。開港は地域社会の経済構造に大きな影響を及ぼし、多摩も激しい経済変動に見舞われた。

　日本の金銀の比価は、国際標準と較べて銀が三倍も高かった。外国商人はそこに目をつけて銀貨を金貨に換えて国外に持ち出したため、金貨が大量に海外へ流出した。幕府は対応策として、天保小判を三分の一の重さにした万延小判（および万延一分金）に改鋳して金銀比価を国際標準にした。その後も貨幣の質や重量を落とした改鋳を繰り返し巨額の利益をあげ、銃砲・艦船など軍需品の輸入や将軍上洛・戦費を賄った。また、諸藩も軍用品の調達や戦費などのため、巨額の藩札を発行した。劣悪な貨幣の大量鋳造と諸藩の巨額の藩札発行は、物価を四、五倍に暴騰させた。貿易開始が引き金だが、政治・軍事両面の巨額の支出を捻出するための幕府と藩による貨幣改鋳や藩札発行が、大きな原因になった。

しかし、「諸色高直諸人難儀」（物価が高騰し人びとが苦しむ）という事態の原因が貿易にあると見なされ、尊王攘夷運動が高揚し、外国人殺傷事件が頻発する原因の一つになった。民衆の憎悪も貿易と外国人へ向けられ、慶応二年（一八六六）は、凶作と第二次幕長戦争のための兵糧米などにより米価が急騰し、養蚕の大不作も加わって武州一揆などの世直し一揆が頻発した。また、政治的混乱は社会不安をもたらし、以前からよくない関東地方の治安をさらに悪化させた。関東郡代（関東幕府領を支配する職）の再設置、勘定奉行並在方掛（勘定奉行兼任で農政全般を担当）の新設など、さまざまな支配強化策がとられ、とくに江川太郎左衛門代官支配下の幕府領では農兵が組織され、地域の治安維持に活用された。

政治闘争と草莽

開港後、幕府は開国和親、朝廷は鎖国攘夷と分裂した国論の統一、未曾有の対外的危機に対応しうる中央政府としての幕府の強化、ついで幕府に代わる新たな政治体制をめぐり、激しい政治・軍事闘争が繰り広げられることになった。

大老の井伊直弼は、反対派を一掃し通商条約の勅許を得るため、幕臣、水戸藩関係者、公家、浪士らを大量に処罰した安政の大獄に打って出た。しかし安政七年（一八六〇）三月、水戸藩浪士らにより井伊直弼は桜田門外で暗殺され、強権的な政治手法は挫折し、幕府の専制政治は行き詰まった。そのあとの幕政を担った老中の安藤信正らは、公武合体を固めるため、孝明天皇の妹和宮と将軍徳川家茂の縁組みを画策した。一〇年以内の鎖国復帰を約束することで天皇を納得させ、文久二年（一八六二）に婚礼が挙行された（和宮降嫁）。

　こうした政治状況のもとで雄藩大名は、朝廷と幕府の間を仲介するとともに、幕政を改革し、公武合体のもとで有力大名も参加する中央政府としての幕府を創り出そうと動いた。徳川将軍家と雄藩が連合する政府か、徳川将軍家の幕府の維持かをめぐる政治闘争が始まった。まず長州藩が、ついで覇を競うように薩摩藩が乗り出した。

　長州藩は、はじめ公武合体を推進したが、文久二年七月には藩論を破約攘夷（通商条約を破棄し攘夷を決行する）へ転回させた。長州藩・水戸藩だけではなく土佐藩でも薩摩藩でも攘夷派が台頭し、さらに脱藩浪士や草莽と呼ばれる豪農・豪商や神職出身の攘夷派が、京都で活発な政治活動を始めた。多摩で、駒木野関所番家の川村恵十郎や落合直亮らが活動を始めるのもこの頃からである。

　この政治情勢をにらんで、薩摩藩の島津久光（藩主の父）が文久二年四月、藩兵を率いて上洛し、朝廷へ幕政改革の必要性と過激派浪士の取締りを説き、六月、幕政改革を要求する勅使の大原重徳に随行して江戸に下った。

文久幕政改革の軍制改革

幕府は、文久二年（一八六二）五月から幕政改革に着手し、勅使から伝えられた天皇の意向にそって、徳川慶喜を将軍後見職、松平慶永を政事総裁職に任命した。さらに閏八月に京都守護職を新設し、任命された会津藩主松平容保は、藩兵による朝廷警固の強化とともに、京都市中の治安強化のため、江戸で集められた剣術に堪能な浪士の一部を新撰組として指揮下においた。近藤勇や土方歳三らの活動は、このような背景からだった。

幕府は、政治組織の改革とともに大規模な軍制改革を行い、歩兵・騎兵・砲兵の三兵からなる西洋式陸軍を創設した。陸軍は士官と兵卒で構成され、士官は講武所で学んだ幕臣らがなり、兵卒には百姓が徴発された。それが旗本兵賦や幕府領兵賦であり、百姓が兵士として戦場に送り込まれ、多摩の村々には重い負担となった。

尊王攘夷運動の高揚

長州藩の資金・軍事両面の支援により、朝廷では尊王攘夷勢力が台頭して主導権を握り、幕府に攘夷戦争の実行を迫った。孝明天皇は「公武合体して鎖国復帰」の立場で、過激な尊攘派とは一線を画していたが、朝廷内で孤立していた。朝廷は文久二年（一八六二）一一月、幕府に攘夷を督促する勅使として、尊攘激派の公家三条実美を江戸に派遣し、将軍家茂に攘夷を命じる勅書を渡した。家茂はこれを受け入れ、攘夷の戦略を上洛して申し上げると回答し、三代将軍家光以来、実に二三〇年ぶりの将軍上洛（「御進発」）も決まった。八王子千人同心が上方へ出動したのは、この将軍上洛の供奉だった。

孝明天皇は、上洛した将軍家茂らを従えて文久三年三月に賀茂社、四月に石清水八幡宮へ行幸し、攘夷を祈願した。そして家茂は、攘夷の期日を五月一〇日と定め、天皇は、たとえ焦土になろうとも開港・交易は認めない、という激越な決意を表明した。長州藩はその日に関門海峡を通過したアメリカ船、ついでフランスとオランダの軍艦を砲撃した。

幕府はイギリスと、文久二年八月に薩摩藩の島津久光の行列が起こした生麦事件の賠償金問題を抱えていた。いったん支払いを約束した幕府が中止したため、イギリス代理公使がイギリス艦隊に戦闘準備を命じた。開戦の危機が迫り、江戸は旗本の家族や住民の避難などでパニック状態になった。多摩で旗本家族らの避難所の準備が行われたのは、このような事情が背景にあった。幕府は、期限ぎりぎりの文久三年五月九日に賠償金を支払い戦争を回避した。なお、イギリス東洋艦隊七隻は、生麦事件犯人の引渡しと賠償を要求して文久三年七月に鹿児島へ遠征し、鹿児島市街を砲撃し砲台を破壊した（薩英戦争）。

尊攘派の退潮と天狗党

朝廷では、尊攘激派により天皇親征が計画され、天皇が文久三年（一八六三）八月一三日に大和（奈良県）の神武天皇陵と春日社に行幸し、軍議を行うと布告した。天皇が兵権を握り、攘夷戦争を指揮する事態に立ち至ろうとしたが、天皇は、自身の意見が朝廷内でまったく通らなくなり、意に反した過激な勅命が天皇の名で出る事態に深刻な危機感を抱いた。そこで過激な攘夷派公家と長州藩勢力を朝廷から排除するよう、島津久光や京都守護職松平容保に託した。八月一八日、会津・薩摩・淀藩兵が御所各門を固めるなか、過激派公家の追放、長州藩兵の帰国などが発表された（「八月十八日政変」）。長州藩兵は京都を撤退し、三条実美ら尊攘激派の公家七名も同行した（「七卿落ち」）。これと前後して、草莽の浪士たちは各地で挙兵し、大和五条（奈良県五條市）と但馬生野（兵庫県朝来市）の幕府代官所を襲った。

幕府は、鎖国復帰を熱望する天皇を宥め、急拡大する貿易を抑制するため、最大の貿易港横浜を閉鎖する横浜鎖港策を提起した。そこで文久三年一二月、使節団をヨーロッパに派遣した。最初の訪問国フランスで鎖港提案はまったく相手にされず、結局失敗に終わった。しかし、幕府の強い姿勢もあって横浜は鎖港状態になり、生糸輸出も妨げられ養蚕・

生糸農家、生糸商人の不満を買った。

水戸藩の尊攘過激派である武田耕雲斎らに率いられた天狗党は、元治元年（一八六四）三月、朝廷の攘夷延期を不満として筑波山（茨城県西部）に八〇〇人ほどで挙兵した。一二月に降伏するまで、討伐軍と戦闘しながら下野・上野・信濃・飛騨国を通過して京都をめざしたため、北関東一帯を混乱状態に陥れ、多摩でも幕府軍勢の通行や駐屯の負担は重かった。長州藩は元治元年七月、京都での勢力挽回をめざして京都に攻め上り、御所周辺で会津や薩摩藩兵と激戦を繰り広げたが、敗北し撤退した（禁門の変）。

欧米列強は元治元年八月、攘夷勢力の中心である長州藩に報復するため、英米仏蘭四国艦隊一七隻を派遣、長州藩下関砲台を砲撃し、陸戦隊を上陸させて砲台を破壊した（四国連合艦隊下関砲撃事件）。自由貿易を妨げる勢力（攘夷派）や措置（横浜鎖港策など）には武力行使を辞さない、という欧米列強の強烈な意思表示だった。こうして破約攘夷をめざす勢力は敗北して退潮し、方針転換を余儀なくされた。

幕長戦争と献金

幕府は禁門の変直後の元治元年（一八六四）七月、「古今未曾有の朝敵」として長州藩追討の勅命をうけ、西南二一藩に出兵を命じた。第一次幕長戦争の始まりであるが、長州藩は同年八月に家老三人を禁門の変の責任者として切腹させ、幕府に恭順の意を示したため戦闘なしに終わった。しかし、長州藩内部では幕府への対応をめぐって対立し、元治元年一二月から翌年正月にかけて内戦状態となったが、奇兵隊など諸隊を率いた高杉晋作らが優勢となり、藩論を幕府が攻撃するならば抗戦する方針へ変更した。

幕府は、長州藩に決定的な打撃を与えて権威と権力を再強化し、政局の主導権を握る機会をうかがっていた。長州藩の動きを「容易ならざる企て」として、慶応元年（一八六五）四月、将軍家茂の出陣・上洛（「御進発」）を布告、同年九月に朝廷から長州藩再征討の勅命を獲得し、彦根藩以下三一藩に出兵を命じて第二次幕長戦争が開始された。

しかし、岡山・鳥取・徳島藩など、幕府権力を再強化する目的の再征討に疑念をもつ藩も少なくなく、薩摩藩は長州藩と連携する行動に出た。薩摩藩の西郷隆盛は、この戦争は幕府の「私戦」と批判して出兵拒否を、同藩の大久保利通は「非義の勅命は勅命にあらず」と非難し、勅命に従う必要はないと主張した。そして、土佐藩の坂本龍馬などを仲介者にして、長州藩が銃や蒸気艦を輸入するのを薩摩藩が援助するなど両藩は連携を深め、慶応二年正月には薩長盟約（薩長同盟）が交わされた。

幕府軍は慶応二年六月、長州藩領に侵攻しようと開戦したが、ミニエー銃というライフル銃を装備し、西洋式に編成された長州藩兵に、とくに旧式装備が多く士気の高くない諸藩軍が各地で敗北した。幕府軍劣勢のなか、七月二〇日に出陣中の将軍家茂が大坂城で亡くなり、さらに、小倉城（福岡県北九州市）が落城したため戦争継続が困難となり、九月に停戦し第二次幕長戦争は幕府の敗北に終わった。

慶応元年から翌年にかけて、八王子千人隊（千人組から改称）は第二次幕長戦争に従軍し、幕府領村々は「御進発上納金」、さらに「御進発再度上納金」を命じられて戦費を負担させられ、さらに、膨大な人と軍需品の輸送のため助郷が拡大された。二回にわたる幕長戦争は、多摩住民にも無縁ではなかった。

倒幕と政体変革

第二次幕長戦争の敗北は、幕府の権威を決定的に失墜させた。これ以降、幕府を否定（倒幕）した新たな政治体制、新たな国家の樹立へと歴史は進むことになる。雄藩は、天皇の下で諸大名が合議して政権を運営する公議政体の樹立をめざした。その実現をめぐって、薩摩藩と長州藩は武力を用いる武力倒幕（討幕）、土佐藩などは平和的な移行を主張し、激しい政治闘争を繰り広げることになった。

幕府は、権力の維持・強化を図るため、新将軍慶喜のもとで急速に軍事と政治機構の改革を進めた（慶応の幕政改革）。フランス公使ロッシュに軍事と資金の両面の援助を求め、陸海軍の強化に取り組んだ。また、老中制をやめて〔将軍―首相―各省大臣―諸役人〕のような政治機構を採用し、幕府中心の新たな政体の創出をめざした。

このような政局のなかで土佐藩が、平和的に公議政体を樹立するため、大政奉還（天皇へ政権を返上する）を将軍慶喜に勧めた。慶喜は天皇の下に設けられる国政審議機関で主導権を握ろうと考え、慶応三年一〇月一四日に大政奉還を願い出て、翌日勅許された。一方薩摩藩は、大政奉還を願い出る前日の一三日（長州藩へは一四日）、「討幕の密勅」（西郷隆盛らと岩倉具視ら倒幕派公家の謀議により作成されたらしい）を朝廷から手にしていた。

朝廷は、新政体移行を協議する諸侯会議を開催するため、全大名に上京を命じたが、多くの大名は情勢を見極めようと上洛しなかった。

薩摩藩の攪乱工作

そこで薩長両藩は、武力を行使して新政体樹立をめざした。大政奉還後の一〇月から一二月にかけて、薩摩藩の西郷隆盛らは旧幕府・徳川家を挑発するため、江戸市中と関東各地で攪乱工作を行った。一二月に荻野山中藩陣屋（神奈川県厚木市）の焼討ち事件、八王子宿の旅籠伊勢屋を舞台にした「壺伊勢屋事件」が起こったのも、その一環だった。

薩長両藩は、一二月九日に政変を決行した。「王政復古の大号令」を発し、幕府や摂政・関白を廃止し、国政審議機関として総裁・議定・参与の三職を新設した。三職は、雄藩大名とその家臣、および公家から構成され、天皇の下に公議政体、新政府が樹立された。

新政府は、徳川慶喜に辞官納地（内大臣の辞退と領地の返上）を迫り、徳川家の政治的経済的な力を削ごうとした。慶喜は妥協し新政府に食い込もうとしたが会津藩や旗本たちは不満を募らせ、一二月二五日に江戸薩摩藩邸焼討ち事件が起こって対立は激化した。慶応四年（一八六八）正月の鳥羽・伏見の戦いに旧幕府側は敗北し、戊辰戦争を経て明治新政府が確立していく。

新政府は徳川慶喜追討の勅命をうけ、官軍として江戸城攻撃のため東征軍を送り、三月には八王子宿まで達し、多摩も徳川家の支配から新政府の支配へ転換していった。

多摩の特徴

交通

交通は、五街道の一つ甲州道中と青梅からの石灰輸送のために開かれた青梅街道により、陸上交通で江戸に一日で行くことができた。また、甲斐国南東部から流れ出ていくつかの支流を集め、多摩の南東へ流れて江戸湾に注ぐ多摩川により、河川交通で江戸とつながっていた。甲州道中・青梅街道、そして多摩川により、江戸との人や物資の交通・流通が活発だった。街道の宿駅を中心に町場が形成され、地域の流通の結節点ともなった。

幕末の多摩にとって、最大の貿易港となった横浜と近い距離にあったことは大きな意味があった。貿易に乗り出す商人が族生し、旺盛に生糸などの輸出品の生産に励もうとする人びとを生み出した。江戸・横浜に近いことは、政治と経済の影響をうけやすいという特徴をもった。

産　業

慶安二年（一六四九）頃の成立である『武蔵田園簿』によると、多摩郡は三二〇か村、総石高は七万三七八二石余という大郡であった。また、田畑の内訳は、田が二万五八〇七石余、畑が四万七九三三石余であり、田畑の石高比率が一‥二と畑が田の二倍になり、面積にすると畑勝ちな地域である。田は、多摩川とその支流の周辺、および多摩川から引いた玉川上水の流域に多かった。農産物としては、米が少なく雑穀が多い。西部は関東山地、東部は武蔵野台地、多摩丘陵に区分されるように、山地と丘陵地が主力の地形であり、畑と山を活用する産業が展開した。

支　配

徳川家康は天正一八年（一五九〇）八月に関東に入部し、豊臣政権と軍事的に対峙するための家臣団配置を行った。中小家臣は江戸から「一夜泊まり」といわれる約一〇里（約四〇キロ）の範囲に配置され、当初は妻子とともに知行地の陣屋に居住し、知行地の支配と江戸番役を務めた。

多摩も同様であり、徳川直轄領（蔵入れ地。のち幕府領）を支配する代官も、大久保長安とその配下の代官（およびその後継者）らは八王子宿に陣屋を構えて居住し、武蔵国西

編『八王子宿周辺の名主たち』八王子市教育委員会, 1997年）

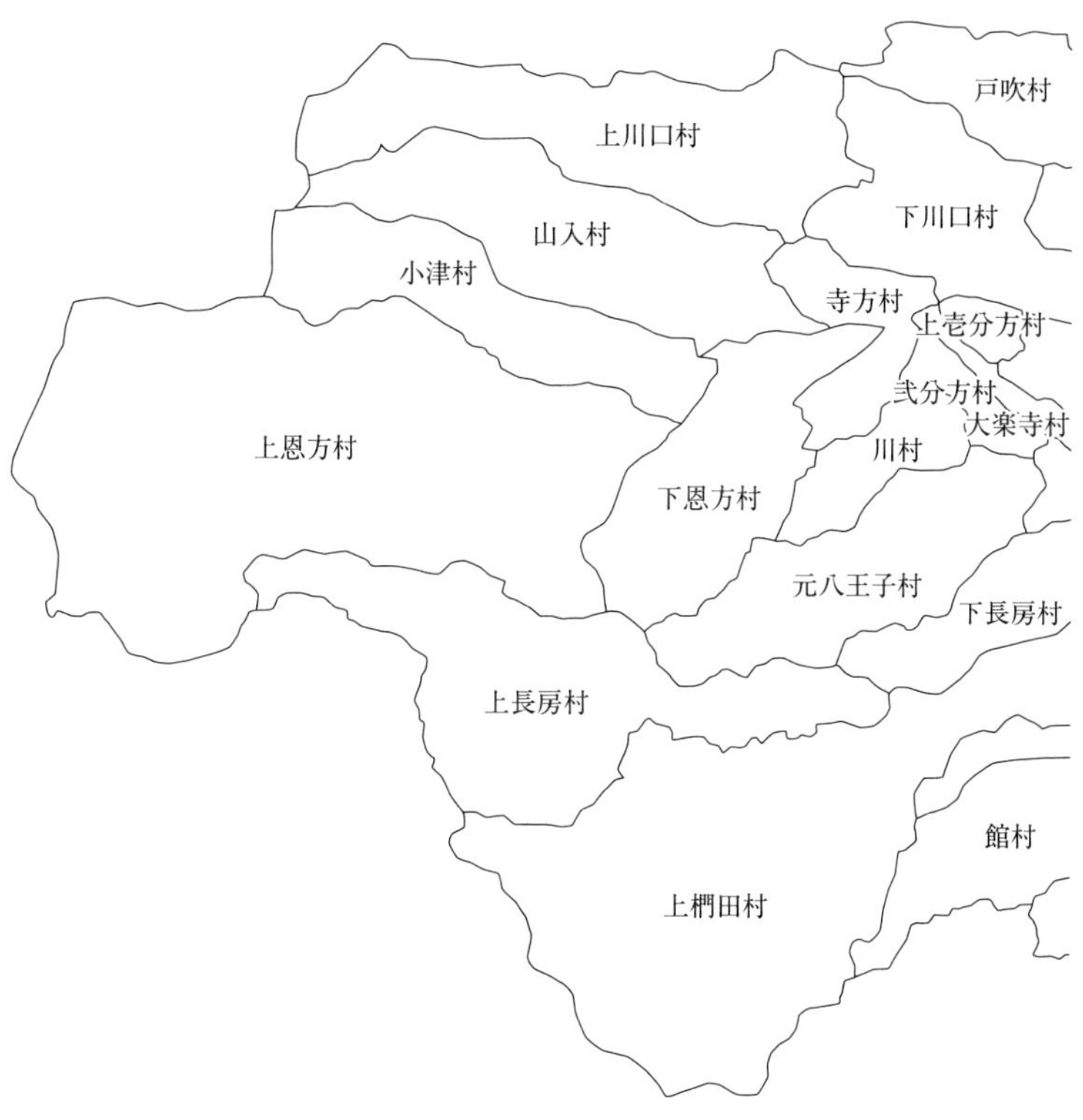

図3　江戸時代の八王子の村々（八王子市郷土資料館

部の直轄領支配にあたった。『武蔵田園簿』によると、武蔵国は幕府領と私領（大名・旗本・寺社領）の比率は半々であるが、多摩郡は代官が支配する幕府領が多く、幕府領一給村と一村を複数の旗本や代官が支配する相給村が半々になっている（『目黒区史』資料編）。

しかし、幕臣である旗本の経済的困難の救済と、徳川綱吉が将軍になり館林藩から率いてきた多数の家臣に知行地を与える必要から、元禄一〇（一六九七）～一一年にかけて、五〇〇俵以上の蔵米支給の旗本を、すべて知行地に切り替える「元禄地方直し」と呼ばれる措置をとった。その結果、関東では幕府領（代官支配地）が大幅に減少して旗本領が増加し、さらに相給知行が一般化した。

文化年間（一八〇四～一八）の武蔵国は、幕府領が三四％になっている。現八王子市域では、幕府領九〇％、私領一〇％だったものが、元禄地方直しを経た享保元年（一七一六）には、幕府領二九％、私領七一％と大きく変化した。また、一給村が九〇％であったものが、享保元年には一給村が五五％、相給村が四二％に変わっている（三％は不明分）。それまでの「八王子一八代官」とも称された代官たちは全員、それまでに処罰されたり江戸に戻ったりして八王子宿を退去した。陣屋も解体され、江戸に代官屋敷を構える代官の支配となり、幕府代官は、日常的には現八王子市域にはいないという状態になった。

近世中期以降の多摩郡は相給村が多く、知行主である旗本、幕府領を支配する代官、いわゆる領主権力が日常的には地域に目に見えるかたちではいないのが特徴だった。玉川上水を管理する勘定所役人などが取水口である羽村（羽村市）へ定期的に往来し、また多摩川周辺が鷹場だった尾張藩の管理役所であった立川役所（立川市）などがある程度だった。この結果、支配の弱体化、治安の乱れ・悪化といわれる事態を生んだ一方、住民が村を、また地域を自治的に運営し、農業生産、商業活動も自主的に維持・発展させる自律性をも育てることになった。この両面は、幕末維新期の多摩の歴史を考えるうえで重要な点である。

際限のない負担増

開国・開港と多摩

ペリー来航と多摩

幕府は嘉永七年（一八五四）のペリー再来航に備え、軍事力の強化を図った。前年の嘉永六年八月、江戸防衛のため韮山（静岡県伊豆の国市）代官江川太郎左衛門英龍が献策した品川台場（砲台・要塞）の築造に着手し、同時に、諸大名や幕臣を江戸湾防備に動員するとともに軍備の強化を求めた。幕府からは、台場築造のため鑓水村御林山などの松・杉の伐採と運搬、「国恩金」という名の献金、旗本からは軍用金・御用金などを求められるなど、さまざまな負担が多摩住民に課されることになった。

幕府は、未曾有の危機に対応するため、安政三年（一八五六）四月に講武所を新設し、

図4　ゲベール銃（東村山ふるさと歴史館蔵）

幕臣らに伝統武術とともに西洋砲術を教授した。同じ頃、代官江川英龍の子英敏は芝新銭座屋敷に大小砲習練場を開設し、八王子千人頭などに洋式銃砲の教育を行った。千人同心たちは、鑓に代えてゲベール銃やミニエー銃などの鉄砲や銃陣稽古などを始めた。のちに創設される農兵隊の中心になる者も、この芝新銭座の銃砲習練場で基礎的訓練をうけることになる。

世相の悪化

アメリカ使節の動向や情報は全国に拡散し、嘉永七年のペリー再来航のときは、多摩からも黒船見物に出かけるなど、好奇心を引き起こすとともに、人びとにさまざまな不安を抱かせた。なかには、日常生活の悪化の原因をアメリカ使節の渡来に求める者もいた。上恩方村で、名主や口留番所の関守を務めた尾崎次郎右衛門は、嘉永六年は「世がら（柄）」が非常に悪く、幕府をはじめ武家方は武備のことばかり考えているため下々の者は難儀し、暮らし向きがひどく悪くなったのは、アメリカ人渡来以降だとはっきり日記に書いている（『尾崎日記』三）。

尾崎次郎右衛門は、貿易が開始される安政六年（一八五九）の春から徐々に生糸の値段が上がり、八月・九月頃から非常に高くなったと日記に記し、その原因が貿易開始にあると断言する。とくにこの年は世間一統が金詰まりになり、山間村落では非常に苦労したと書いている。開港によって日常生活が不安定化し困難になった、という認識である。

外国人遊歩区域と八王子宿

外国人は、通商条約により横浜から一〇里（約四〇キロ）以内の旅行を許された。八王子宿はこの遊歩区域内に位置し、かつ最大の輸出品だった生糸の産地・供給地として、外国人から強い関心をもたれる対象になったため、欧米人がしばしば馬などを利用して訪れている。

外国人の頻繁な往来は、尊王攘夷派によるテロだけではなく、多摩住民との軋轢、事件も危惧された。文久二年（一八六二）八月に、橘樹郡生麦村（神奈川県横浜市）で生麦事件が起こると、直後の閏八月、外国人遊歩区域内の村々に対し、関東取締出役から触書が廻された。外国人が村を訪れてきた際に「異変」が起こらないよう気をつけること、万一外国人に不法乱暴を働く者がいた場合は即座に捕らえること、抵抗され手に余るなら傷つけても構わないこと、などを村民に徹底させるよう命じられている。外国人殺傷事件などによる紛争の発生を防ぐため、幕府が懸命になっていたことをうかがわせる。

図5　生麦事件の現場（横浜開港資料館蔵）

八王子宿に初めて外国人がやってきたのは文久元年六月一四日、と館(たて)村在住の千人同心が日記に記録している。実際に外国人を初めて見た人びとの反応の一端が、『石川日記』十二、元治(げんじ)二年（一八六五）四月一一日条に記されている。その後も横浜から八王子宿を訪れる外国人は多く、なかには、慶応(けいおう)二年（一八六六）の春、八王子寺町宿の松門寺(しょうもんじ)境内の竹に「横浜八王子中ヨシ(仲良し)」と落書きした外国人もいたという。

幕府からの負担

献納金と兵賦

嘉永六年（一八五三）のペリー来航以降、江戸幕府は、対外的危機と国内の抵抗勢力に対峙するため、軍事力を強化し戦争もせざるを得なくなった。必要な軍事費と労働力、および兵卒を確保するため、幕府領民にさまざまな負担を課した。また、幕府から軍備強化と軍事動員を命じられた旗本たちも、知行所の村々にさまざまな負担を課した。

多摩の幕府領の村は、幕府からしばしば献金（上金）や御用金を命じられた。①嘉永六年の国恩金献金、②安政三年（一八五六）の江川代官芝新銭座屋敷（港区）普請上納金、③文久三年（一八六三）の農兵取立献金、④慶応元年（一八六五）五月御進発上納金、⑤

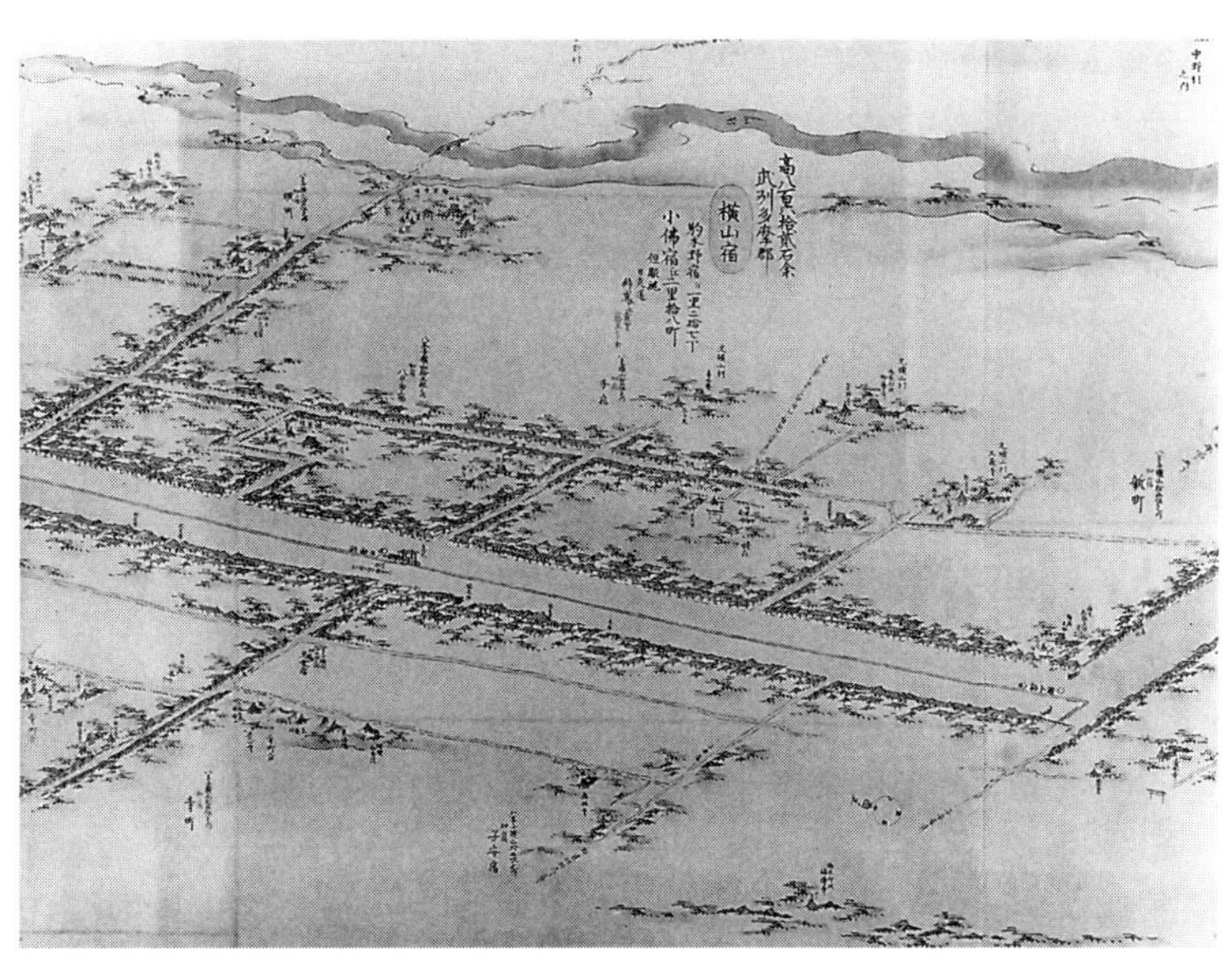

図6　八王子宿（『甲州道中分間延絵図』東京国立博物館蔵）

慶応二年八月御進発再度上納金、このほか献金ではないが、⑥助郷負担の増加、⑦品川台場築造用木材の切出しと運送作業、⑧幕府歩兵隊の兵卒徴発である兵賦、などがおもなものである。

国恩金献金

ペリー来航後の嘉永六年（一八五三）一〇月、八王子一五宿（八王子宿は正式には横山宿。一五の宿で構成された）と組合村（幕府領のみ）は、国恩金の献金額と献金者名を書いて江川代官所に願い出た。その経緯は、代官所の手代から「慫慂」があり、その主旨に賛同して自発的に献金したという体裁をとるが、強く求められて献金したのが実情だった。

老中の阿部正弘の命をうけた勘定奉行は嘉永六年八月二〇日、代官につぎのように達した。外国による攻撃は国家の大患であり、外国船の頻繁な渡来は国家の安全に関わるので、焼失した江戸城西丸の再建や臨時支出が続いたが、莫大な費用のかかる内海台場（品川台場）を築造することにした。国家の安危は四民（いわゆる士農工商）共通の患いであり、武家には全力を尽くすよう命じたが、農工商にはとくに何も命じていない。しかし、国防は四民ともに尽力すべきことなので、幕府領村々の中にも、現在の容易ならざる事態を理解し、かつ二〇〇年続いた泰平の有り難さ（国恩）を感じ、国防費用の一部になればと内々に献金したい者もいるのではないか。おのおの可能な範囲で上納するよう穏やかに諭し、けっして強制にならないようにせよ（『日本財政経済史料』一）。

代官所は、この勘定奉行の指示に従って幕府領村々に献金を要請したのである。この献金は、「御国恩献上金」「海防御普請」「内海台場新築献金」などと表現され、「御国恩」をわきまえている者は国防費用を献金すべきではないか、と説明されている。

一〇月一八日に八王子宿で献金のことを聞いた粟須村の名主は、村民一統が貧窮し、名主給金もなく村入用すべてを名主が負担している状態であることなどを理由に、わずかの額と断ったうえで、一〇両の献金を江川代官の手代(てだい)に願い出ている。

日野宿組合（日野市）には一〇月一四日、献金御用掛(かかり)の江川代官手代の柏木捴蔵(そうぞう)らから要請があった。日野宿組合では同月二〇日に会合をもち、組合一六か村で二五九両、柴崎村（立川市）が一二五両、日野宿が二一六両、合計六〇〇両の献金額を決定し願い出た。そして、老中の阿部正弘から一二月八日、願い通り納めるようにと許可が出ている（『鈴木平九郎公私日記』四）。自発的に献金を願い出た者に、幕府がそれを許すという体裁をとったのである。

なお、この献金は嘉永六年から三年間の分納とされ、翌嘉永七年二月には江川代官から献金者に献金額に応じた褒美銀が下されている。一方、江川英龍も嘉永六年一二月七日、支配所の村々から「多分の上納金」があったという理由で、幕府から褒賞として時服(じふく)（衣服）を拝領している（「大日本維新史料稿本」）。

将軍進発上納金

ついで、将軍上洛（「御進発」と称した）に伴う上納金がある。一四代将軍徳川家茂(いえもち)は、三回上洛した。一回目は文久三年（一八六三）三月で、朝廷に攘夷(じょうい)の具体策を伝えるため、二回目は文久四年（元治(げんじ)元年）正月で、混乱する内外方針を統一する国是(こくぜ)（国内・対外問題を解決する朝廷と幕府の一致した方針）を定めるため、三度目は慶応元年（一八六五）五月で、第二次幕長戦争のためである。とくに三度目は、戦争を指揮するため、慶応二年七月に亡くなるまで一年数か月にわたり大坂城などに滞在した。

三度目の上洛は、一か月で一八万両、総額で約四三七万両もかかった。それまでの巨額の支出を支えてきた貨幣改鋳による利益金が、慶応二年にはもはや期待できない状態になったという（飯島千秋『江戸幕府財政の研究』）。幕府は慶応元年五月、軍事費調達のため、江戸・大坂と幕府領の豪農商および寺院に、翌慶応二年四月に大坂・兵庫・西宮の豪商に献納を命じ、さらに八月に幕府領の豪農商にふたたび献金を募っている。

将軍が慶応元年五月に江戸を出発するにあたり、「皇都の恩」（天皇の恩）・「代々様の御高恩」（歴代将軍の恩）に報いよと、多摩の幕府領の村々も上納金を命じられた。蔵敷村（東大和市）組合一三か村の献金額は四六七両、このうち大口献金者二名（南秋津村〈埼玉県所沢市〉の太右衛門二〇〇両と粂川村〈東村山市〉の吉左衛門五〇両）を除いた二一七両に対して、幕府から褒美として白金二二枚が下されている。つまり、献金約一〇両につき銀一枚の計算になる（大口献金者には別途褒美が下された）。これを基準にすると、八王子宿組合村への褒美銀が一一七枚なので、献金額は一一七〇両以上だったことになる。一方、駒木野宿組合村への褒美銀は三四枚なので、献金額は三四〇両以上と推定できる（『里正日誌』九）。なお、上恩方村に高額献金者はいないが、村民三四名で合計七四両を献金している。

幕府からの負担はまだ続いた。老中の稲葉正邦は慶応二年八月、将軍家茂の大坂長期滞在と長州藩への攻撃開始のため多額の軍費が必要であり、畿内・中国・四国地方の幕府領からは多量の夫役（弾薬・兵糧運搬等の陣夫役）を徴発しているが、遠方の関東地方は免除しているので、このことをよく理解し献金か御用金（若干の利子がついて返金される）を希望する者を募るよう指示している。江川代官は九月二九日、支配下村々に献金希望者の書上げを命じた。これは、前年に続く献金なので、「御進発再度上納金」と表現された。

鑓水村では一〇月二〇日、村役人以下九名から合計二〇五両という多額の献金を書き上げ、なかでも生糸取引で富を築いた要右衛門は、一人で一〇〇両も献金している。上恩方村はその翌月、再度上納金として一一名で合計金七両二分を書き上げた。前年の献金が三四名で七四両だったのと較べ、かなり減っている。なお、献金一〇両に褒美銀一枚と仮定すると、この慶応二年の再度献金は、八王子宿組合村が約六五〇両、駒木野宿組合村は約一五〇両になる（『里正日誌』九）。前年と較べて半分程度になっている。

慶応二年が全国的な凶作だったことも加わり、連続する献金負担に応じきれない様子をみることができる。それでも鑓水村や八王子宿組合の献金額が多かったことは、住民のなかに生糸貿易による利益を蓄積した者がいたことをよく示している。

助郷負担の増大

三度にわたる将軍の上洛や、幕府役人の頻繁な江戸・上方間の往復などにより、五街道の交通量は増加した。このため、定助郷だけでは負担しきれず、伝馬宿から五里（約二〇キロ）・七里（約二八キロ）も遠方の村にも加助郷が課され、農作業に支障が出るほどになった。そのため、助郷負担の増えた村々は負担軽減を幕府に願い出るとともに、日野宿組合では文久三年（一八六三）四月、寺社の御免勧化（寺社奉行発行の勧化状を持参する幕府公認の募金）に無賃人足を一切出さないことを申し合わせた。

街道の交通量増加に比例して八王子宿の食売旅籠屋が繁昌し、建物を大きくしたうえ、食売女（飯盛り女）を規定より多く抱え派手な着物を着せて営業するようになった。助郷で八王子宿に来た若者を引き留め、多額の金を使わせることが増えたという。この事態を憂慮した助郷村々では元治二年（一八六五）二月、しかるべき筋（代官か道中奉行）に訴え出ようと取り決めている。助郷増加は、このような問題も生んでいた。

神奈川宿への助郷問題

第二次幕長戦争のため将軍家茂が出陣した慶応元年（一八六五）五月には、五月四日付で道中奉行から七六か村（村名不詳）に、東海道神奈川宿（神奈川県横浜市）への当分（とうぶん）助郷を命じ、神奈川宿役人から日野宿助郷組合に触書写（ふれがきうつし）が廻された。しかし、期日までに人馬を出さなかったため、神奈川宿役人から催促状が届けられたが、日野宿助郷組合では、神奈川宿へ交渉に送った惣代から何か言ってくるまでそのままにしていた。

道中奉行は五月二七日付で、東海道品川宿から守口宿（もりぐち）（大阪府守口市）までの当分助郷の務め方について触書を出し、甲州道中や脇往還（わきおうかん）に助郷を出している村は、村高の半分で助郷を務める（半減務め）よう命じた。道中奉行が負担軽減の触書を出したのは、甲州道中の宿駅へ助郷を務める村々からの抵抗が強かったからだろう。

さまざまな負担

幕末期には助郷以外にも多種多様な負担が課せられた。嘉永七年（一八五四）正月、小比企（こびき）村名主で八王子宿組合大惣代が若年寄の遠藤但馬守胤統（たじまのかみたねとう）の屋敷に呼び出され、万が一の事態の備えとして、八王子宿組合村・駒木野宿組合村から人夫一〇〇人の動員を命じられた。また、文久三年（一八六三）三月には、生麦（なまむぎ）事件の賠償金処理をめぐりイギリスとの開戦の危機が迫ると、江川代官は江戸一〇里内の支配地に、村役人や小前百姓のうち身元の確かな者の居宅建坪・梁間桁行等を描いた絵図二枚、および寺院数の調査を命じた。旗本家族らの避難先を確保しようとしたものである。

江川代官は、芝新銭座屋敷の大小砲習練場を創設するため献金を命じた。幕府の軍制改革により幕府鉄砲方を兼任した代官江川英敏が、芝（港区）に六六〇〇坪の土地を拝領して設置し、安政三年（一八五六）六月に正式に発足した。拝島村名主は、安政四年に一〇〇両を上納し（『昭島市史』）、同年五月一五日、献金した日野宿・横山宿・八日市宿・八幡宿・小門宿・寺町宿・鑓水村・館村・上椚田村・上恩方村・下川口村に、褒美を与えるので村役人一人が出頭するようにと指示している。献金だけではなく、建築に必要な労働力も出させている。

文久三年に江戸城西丸が焼失すると、幕府は安政六年に焼失した本丸を再建せず、その機能を西丸に移す工事を始めた。関東取締出役は翌元治元年四月、駒木野・小仏両宿組合村から木挽・杣職を江戸に送るよう命じている。

台場築造と鑓水村御林山

特筆されるべきものに、品川台場築造への松丸太の切出しがある。幕府は嘉永六年（一八五三）、江戸防衛のために「内海御台場」（海上に造った人工島に砲台を設けた要塞）の築造を計画し、老中の阿部正弘は、江川英龍に台場築造位置の選定等を命じた。その結果、品川沖に台場を築造することが決まり、計画された一二基の台場のうち、完成したのは第一・第二・第三台場、第五・第六台場、品川御殿山下台場（陸続き）の六基であった（このうち第三・第六台場の二基が現存）。

台場築造に使用された資材のうち、石材は相模国三浦郡横須賀村から久良岐郡金沢村（神奈川県横須賀市から横浜市）周辺や、小田原藩領の真鶴半島周辺の村々から切り出された。台場の基礎に使われた木材は、幕府の御林から切り出された松と杉だった。佐々木道太郎代官支配地の下総国相馬郡根戸村（千葉県我孫子市・柏市周辺）と、江川太郎左衛門代官支配地の多摩郡中藤村（武蔵村山市）、同郡鑓水村の三か所からである。中藤村からは、嘉永六年九月から丸太二二四七本、翌年六月に追加で一四二〇本（『里正日誌』七）、鑓水村からは、嘉永七年六月から閏七月にかけて五〇〇〇本弱の松丸太が切り出され、第五・第六台場、御殿山下台場に使用されたらしい。

鑓水村からの切出しは村の請負（村請）で行われた。木材は相模川小倉の渡し（神奈川県相模原市）を経て河口の須賀湊（神奈川県平塚市）で積み替えられ、品川沖に運ばれた。丸太の運搬には、幕府勘定所の普請役の指示により、八王子宿周辺の五〇か村から人足が大量に動員された。このうち、松丸太を指定された長さに切る作業は「御国恩」に報いるという主旨で無賃、運送費は幕府からの支給となった。しかし、鑓水村は周辺の村々から多量の人足を雇わなければならず、最終的には幕府から金三一五両余を支給された。

旗本からの負担増

外国船渡来と用金・夫役

旗本たちは、嘉永六年（一八五三）のペリー来航を契機に幕府から軍備の強化を命じられ、知行地に軍用金やさまざまな名称の御用金を課した。

谷野村など一二か村を知行し、戸吹村に地方役所を設けていた旗本の川村周之進は嘉永六年六月、幕府から命じられた軍備を調える費用として、知行所に五〇両を命じ、九月に入り、軍用手当金と用達（物品を納入したり資金を融通したりする商人）への返済金、長屋の建設費などについて協議させるため、用人（大名・旗本家で、庶務・会計などの家政を管理した要職）を地方役所に派遣した。用人は、「別段」の金二〇両を早急に準備するよう達している。知行所への要求はさらに続き、用人は安政三年（一八五六）一

○月、西洋銃・武具・馬具・稽古道具類の購入などもあり、不足する生活費一〇〇両と嵐で破損した屋敷の修理費二〇両の合計一二〇両を調達するよう求めた。このうち一〇両は、購入済みの西洋銃の支払いのため、一〇月二〇日までに至急準備するよう申し付けている。幕臣の軍備強化は、知行所の負担により実現したのである。

嘉永六年七月には、千人頭の荻原弥右衛門が知行所石川村に、武器などの手入れ経費として高一〇〇石につき金三両の割合で調達するよう命じた。旗本の前田氏は一〇月に、多摩郡の一四か村に「異国船御用金」として一〇〇両を課し、領民は所持石高一石につき永七七文余を負担した。

領民の負担はカネだけではなく、労働力の徴発である夫役も課された。横川村を知行した藤沢氏は嘉永六年七月二二日、外国船渡来につき出動するときは側近くに召し連れるという理由で、夫役人数のほか村役人も出府するよう命じている。千人頭の荻原弥右衛門は嘉永六年一一月、出動の際は知行所石川村から夫役九人を差し出し、交代で務めるよう命じた。この夫役は、近世前期には実際に労働力として徴発されていたが、しだいに代金で納めるようになっていた。つまり、一度金納化されていた夫役が、ペリー来航以降、ふたたび労働力負担として復活したのである。

年貢増徴と冥加金賦課

旗本知行所の負担増は、御用金・夫役のみならず年貢の増徴や新規の冥加金の賦課もあった。

旗本の長沢氏は慶応二年（一八六六）一二月、定免年季中に年貢を増徴していたが、知行所村々の尽力で家計が改善したので増徴を来年分から免除する、と知行所に指示している。旗本の前田氏は慶応三年正月、知行地大沢村の村林八か所の年貢を本年から畑と同様に上納せよと命じた。これも年貢増徴だった。

千人頭の荻原氏は、貿易が始まり生糸や繭の価格が高騰したのに着目し、新たに冥加金を賦課しようとした。古くから養蚕・生糸がさかんな知行所石川村に、生糸価格の高騰で潤っているのだから、繭筵（養蚕に筵を使った）単位に相応の冥加金を出すよう命じた。これは、開港による経済的変動をとらえた収入増加策だった。旗本は、幕末のぎりぎり押しつまった時期でも、知行所からの収入を増やす努力をしていたのである。

耐えきれない負担

旗本からの度重なる負担に耐えきれず悲鳴をあげ、老中に、最後は大老にまで訴えた村も出てきた。犬目村は安政六年（一八五九）五月から一二月にかけて前後四回、知行主の前田氏を訴える老中駕籠訴を敢行した。駕籠訴とは、定められた訴訟手続きを経ずに訴える越訴の一つで、老中などの重職が登城あるいは下城のため駕籠で通りかかるのを待ち受け、訴状をささげて駕籠に取り縋って訴えるものである。非合法だが、幕府は訴えを一応調査し、訴えた者は簡単な取調べの後に、所定の役所に願うよう申し渡されて釈放されるのが一般的だった（大平祐一『近世の非合法的訴訟』、山本英貴『江戸幕府大目付の研究』）。

犬目村が老中駕籠訴に及んだのは、知行主の前田氏からの度重なる御用金があまりに多額になったためである。前田氏の知行所は、多摩郡一四か村の一三〇〇石と遠江国榛原郡（静岡県）の一村二〇〇石の合計一五〇〇石だった。前田氏の御用金賦課は、嘉永六（一八五三）～七年に二〇〇両、安政二年に一一七両二分、同年一二月に五〇両、翌三年に一五〇両、翌四年に一二〇両と繰り返された。犬目村では、御用金を石高に応じて村民に割り振って上納してきたが、なぜ多額な御用金が必要なのか、何に使っているのかと不信感を抱いたのである。前田氏に掛け合ったが埒が明かず、安政六年五月に小前惣代が老中駕籠訴に踏み切った。

惣代は、江戸馬喰町（中央区）の公事宿（訴訟のために江戸に出てきた者の泊まる宿）の援助を受けながら、登城する老中の間部詮勝に駕籠訴し、願書はただちに老中の駕籠の中に入れられた。間部家の家来が惣代を連れ、藩邸に入った。間部詮勝は江戸城から戻ると一通り尋問し、ついで前田氏の家来を呼んで、「御大法」もあるので非分のないように取り計らえと申し渡し、添書をつけ願書と惣代を引き渡した。

しかし、前田氏は犬目村の要求に応えなかったので、別の惣代が、六月一六日にふたたび老中の間部詮勝に駕籠訴した。それでも事態に変化がないと、七月にも駕籠訴をし、一二月には大老の井伊直弼に駕籠訴したが、結末は不詳である。

旗本家族らの避難所

万一の事態に備えて、知行地が旗本家族らの避難所に予定された。横川村では安政五年（一八五八）、万一の事態に旗本家族の避難用に名主屋敷内に家作を建てる工事が完成した、と知行主の藤沢氏へ伝えている。

生麦事件をめぐる紛争で、イギリスとの開戦の危機が迫った文久三年（一八六三）になると、旗本たちは、家族を知行所に避難させようと知行地に依頼した。上椚田村の知行主前田氏は文久三年三月一九日、武家奉公人の数が足りないので三人差し出すのに加えて、緊急事態により家族一同が避難する際は、「血気」の者三〇人ほどを選んで送るように命じている。避難の際、道具類の運搬や警固のため、知行所住民を動員しようとした。

粟須村の名主は文久三年三月一四日、知人であろうか旗本の用人から家族避難を依頼されている。旗本の川村周之進は文久三年三月一四日、戦争になった場合の兵糧・武器の不足分として、六〇両を六日以内に調達せよと知行所に命じるとともに、家族の女性全員を梅坪村の名主宅へ避難させるので用意すること、さらに避難の警固をする帯刀の者二人と小前百姓七、八人を出府させるよう命じた。

名主らの身分上昇

旗本は、カネとヒトの両面で知行所に負担を押し付けた。領主と村民の間に立って、両方の顔色を窺いながら苦労したのは村役人たちである。旗本は、円滑に負担を転嫁するため、村役人に苗字帯刀や武士身分の格式を与え、それによりその苦労を宥め、他方で負担を転嫁される領民に強い立場で臨ませようとしたのである。

小比企村の名主（磯沼）常右衛門・市右衛門・九郎兵衛の三人は嘉永六年（一八五三）八月一八日に出府し、旗本の長沢氏に御目見得の前に苗字帯刀御免と御徒格の格式を与えられ、御目見得を済ますと、老中が幕臣らに防備強化を命じた書取を拝見させられている。そして、非常事態に老中の命令で出動する際は、「御先供」として同道させるので、来春指示があり次第、帯刀してすぐ出府するようにと命じられている。なお長沢氏の用人は、下一分方村名主見習、楢原村・散田村・寺田村の名主、相模国飯山村（神奈川県厚木市）名主の五名にこの件を達書で伝えた。この五名も「苗字帯刀御免・御徒格」を付与され、非常時の「御先供」を命じられたのだろう。

磯沼家の磯沼伊織は慶応元年（一八六五）一二月、長沢氏からの直書（じきしょ）により「永々　御譜代」を仰せ付けられ、子孫まで伝えるようにとも命じられている。磯沼伊織は、身分的に士分になったのである。

旗本の川村周之進は嘉永七年三月一四日、知行所宮下村の源次郎に対して、先祖よりの勤功などを讃えて「村方名主役ならびに苗字」を許す達書を与えた。その文書の末尾に、今後も領主の御用を大切に務めるようにと記すことを忘れていない。源次郎は、これにより荻島源次郎と名乗ることができるようになった。

民衆の軍事動員——兵賦

幕府軍制改革と兵賦

幕府は文久二年（一八六二）に軍制改革を行い、陸軍奉行と歩兵奉行を設け、歩兵・騎兵・砲兵の三兵からなる西洋式陸軍を創設した。

江戸時代の軍隊は、たとえば旗本は、幕府が軍役令により定めた知行高に応じた数の従者と武器をもって出陣する仕組みだった。新たに創設された西洋式陸軍は、士官と兵卒で編成された。主力となる歩兵隊では、士官は歩兵奉行―歩兵頭―歩兵差図役で構成され、講武場（所）で学んだ旗本や御家人らがなった。問題は、六五〇〇人もの多数の兵卒の調達で、幕府は百姓に兵賦を課し、歩兵隊の兵卒に動員することにした。

江戸時代の百姓身分は、夫役（陣夫役）が課されていて、合戦の時は食糧などの軍需品

（小荷駄）を運搬する役割（近代では輜重兵の役割）を果たした。しかし、弓・鑓・鉄砲などの武器をもって戦う義務（権利も）はなかった。戦闘は武士身分、軍需品の運搬は百姓身分、このような身分による役割の違いがあったからである。ところが、兵賦は百姓が幕府正規軍の歩兵隊の兵士になり、鉄砲などをもって戦闘に参加する。これは、陣夫ではなく、戦闘員としての兵卒になることだった。

幕府は文久二年一二月、知行一万石以下一〇〇俵までの旗本に兵賦の差出しを命じた（『幕末御触書集成』一二三六一）。軍役令で定められた軍役数の半分を兵賦とし、知行高五〇〇石に一人、一〇〇〇石に三人、三〇〇〇石に一〇人の割合で、知行所から徴発させるものだった。蔵米取りと知行五〇〇石以下は、兵賦の分を金納とした。兵賦の対象は一七歳から四五歳までの壮健の者、期間は五年間、身分は小揚者（船で運ばれた年貢米を陸揚げし検査する役）の次、つまり士分以下の武家奉公人、脇差帯刀の許可、食糧・衣服は幕府が支給、給料は一年に一〇両を限度として旗本が支給、という条件で徴発された。歩兵隊の銃隊に所属し、江戸の四か所（小川町・西丸下・大手前・三番町）の屯所に集められ調練をうけることになった。

現八王子市域の旗本知行所村では、兵賦に関する史料が見当たらない。文久二年一二月の旗本兵賦令の別紙には、兵賦を出すのが難しい旗本は金納も可と書かれていた。熊川村（福生市）などで知行七五〇石の旗本田沢氏は、兵賦を金納にするため名主を招いている（『福生市史』上巻）。金納で済ます旗本が多かったらしい。

旗本兵賦と幕府領兵賦

禁門の変の直後、幕府は元治元年（一八六四）七月、第一次幕長戦争の準備に入った。このような軍事情勢から、陸軍歩兵隊の強化・充実が喫緊の課題になったものの、繰り返し督促しても旗本兵賦は十分に集まらなかった。そこで、幕府領からも兵賦を取り立てることにした。

幕府は、慶応元年（一八六五）五月に関東幕府領、ついで一二月には関東以外の幕府領に兵賦徴発を指示した。江川代官所は慶応元年五月二二日、村高一〇〇〇石につき一人の基準で出すよう命じた。長州追討に幕府陸軍をすべて動員するため、江戸の防備が手薄になることから、急ぎ兵賦を取り立てると説明している。江戸を守るための兵賦というが、慶応二年の第二次幕長戦争に従軍させている。

具体的には、村高一〇〇〇石につき一人の割合で、幕府領数か村を組み合わせ二か村で一人、三か村で二人といった具合に出すことになった。幕府領兵賦の対象は、旗本兵賦と同様に一七歳から四五歳までの身体強壮の者で、東国一一か国から約三〇〇〇人が予定された（『田無市史』第三巻通史編）。

江川代官支配地では、兵賦とほぼ同じ頃に創設されようとしていた農兵とは別物なので、それと違う人名と年齢を書き出すよう指示された。つまり、幕府領の村々は、農兵のほかに兵賦も出さなければならなかった。それだけではなく、御進発上納金も命じられたので、幕府領村々は、幕長戦争のためヒトもカネも出さなければならなかった。

兵賦の差出し

日野宿組合は高七三五〇石余なので、兵賦は七人だった。そのうち、粟須村・同新田、石川村（以上、八王子市）・宮沢・日野新田・川部堀之内・上田・宮・万願寺・新井村（以上、日野市）を組み合わせると一〇一九石余になるので、この村々で兵賦一人を出すことになった。日野宿組合では、村民を出すより江戸で人を雇って出す方が安上がり、と知ったため「買人足」にする方針を立てた。村人を出す替わりに、江戸の人宿（武家奉公人を斡旋する業者）に頼んで代人を出すのである。

上椚田・上下長房・元八王子・川・寺方・上下恩方・上下川口・館の一一か村は、組み合わせて四二〇八石余になり兵賦は四人だった。一一か村は慶応元年（一八六五）閏五月、前年から農兵が取り立てられ、壮健の者を選んで調練も始まっているので、四人もの兵賦を出せない、そこで四人のうち二人は正兵賦（正人）、二人は買上げ（買人）にして欲しいと代官へ嘆願した。つまり二人は村から出すが、残る二人は代金納にという要望である。村人を出すことへの忌避、抵抗により、兵賦の取立ては難航した。江川代官は、農兵創設の件もあり、兵賦の半分は金納で済ます「内意」を村側に示し、取りあえず半分は村から、残りは免除か金納で済むよう幕府上層に働きかけていると説得している（『田無市史』第三巻通史編）。

兵賦の給金

兵賦にかかる村側の負担は重かった。

日野宿組合では、慶応二年（一八六六）五月に村民一人を兵賦に出すことになった（これで村から四人出すことになる）。その費用は、支度金一〇両、蚊帳などの代金二両、江戸に引率する者の宿泊費その他で五両、送り出すだけで一七両もかかった。

兵賦四名が第二次幕長戦争に従軍することになり、手当金一人一五両、四人で六〇両、五〜八月まで四か月の給金が三七両二分、五月三日に兵賦三人が神奈川に詰めた際の手当九両、ある兵賦への心付け（何かの祝い金か）一両などが計上されている。また兵賦から、幕長戦争従軍に必要な物の購入費、および小川町屯所（千代田区）にいたときの借財の精算費などを要求された。他の組合の様子を調べると二〇〜二五両出す組合もあることから、一人一五両にしたという。

給金のほかに各種手当金が加わり、村側には多額な負担になっていた。さらに幕長戦争への従軍なので、戦傷や戦死など万一のことも想定しなければならなかった。田無(たなし)村（西東京市）が慶応元年一一月に江川代官所に出した文書によると、兵賦給金は、幕府から支給される一〇両に、送り出す村が三〇両出すので年に一人四〇両になる。なおその内の一〇両は代官所に積み置いて、兵賦期間が終わり村に帰るときに代官所へ申請すると戻されるという（『田無市史』第一巻中世・近世史料編）。

兵賦の金納化

第二次幕長戦争に敗北した幕府は、新将軍徳川慶喜(よしのぶ)のもとで急速に軍事と政治機構の改革に取り組んだ。幕府歩兵隊は、装備と編成の面で西洋式軍隊であり、幕長戦争でも強力だったが、兵卒の不足は深刻だった。

慶応二年（一八六六）七月、幕府は兵卒を直接に江戸で雇うことにした（『幕末御触書集成』二二三七二）。八月には、たとえば知行一〇〇〇石なら銃手(じゅうしゅ)六人のように、旗本から知行高に応じて銃卒を取り立てる軍役銃手を命じ、六〇〇石以下は石高に応じて軍役金を納める仕組みにした（同前二二三七四）。旗本は、人宿(ひとやど)から雇用していた武家奉公人を銃卒に出すことになり、人宿は幕府から歩卒請負人に指定された（同前二三七六）。

慶応三年正月、それまでの旗本兵賦は金納（知行所の村から人を出す代わりに一人につき二〇両を納める）になった（同前二三八四）。軍役銃手の代金納を願う旗本や軍役金を未納する旗本も多く、結局、同年九月、軍役銃手に代わり、知行地からの年貢の半分（一〇か年平均収納高の半額）を軍役金として納入するよう命じた（同前二三九一）。

旗本知行所では、安政四年（一八五五）から慶応二年までの一〇年間の年貢を書き上げることになり、旗本川村周之進の知行所梅坪村では、慶応三年五月に一〇年分の年貢を調べて差し出している。

幕府領兵賦も慶応三年五月に金納になった。幕府は、「正人（村人）を出すのは困難と申し立てる村もあり、幕府領の民情も東西まちまちで不都合なことも多い」という理由で正人を免除し、代わりに高一〇〇石につき三両の割合で金納を命じた。その金を雇用する兵卒の給金や陸軍の経費にあて、大坂城の守備兵もそれで整えるという（『里正日誌』九）。

慶応三年一一月の江川代官所の廻状によると、八四〇〇石余の日野宿組合は、そのうち四〇〇〇石は兵賦四人、引いて残る四四〇〇石が兵賦金の対象になり、一〇〇〇石につき二五両の割合で一一〇両を、一二月一〇日までに納入するよう指示された。「正兵差しだし候分これを除き」とあり、幕府領兵賦すべてが金納になったのではなく、正人はそのまま留め置かれ幕府の直接雇用になったらしい。日野宿組合が兵賦に出していた助蔵は、幕府の直接雇用になり喇叭教導介役を命じられた。その支度金として助蔵から五〇両を要求された組合村はこれを断ったが、本人が日野までやってきて要請したので、今回限りとして二〇両を渡している。拝島宿組合では、兵賦給金、増し給金などで、慶応三年一年間の兵賦必要経費が一〇〇両を超えている（『昭島市史』）。

この結果、旗本兵賦と幕府領兵賦に代わり、兵卒はすべて幕府が雇用する体制となり、幕府陸軍は傭兵制になった。兵卒を雇用する資金は、旗本らが年貢の半分を上納する軍役金と幕府領の村々が一〇〇石に三両の割合で上納する兵賦金があてられた。多摩の幕府領村々は、当初は村人が兵卒として動員され、ついで金納になったもののその負担は重かった。この傭兵による幕府陸軍歩兵隊は慶応三年一〇月頃から、江戸市中で略奪や不法行為を働くなど、その統制や士気の点で問題を抱えていた。

治安の悪化

治安悪化と外国人の来訪

ペリー来航、そして開港とともに、多摩の治安はそれ以前と較べて格段に悪化していった。一八世紀半ば以降の治安状態と幕府の対応を概観しておこう。

浪人らの横行と改革組合村

一八世紀半ば過ぎから治安の悪化が問題になり、それを象徴したのが、長脇差(ながわきざし)を帯びた無宿(むしゅく)者と浪人の横行だった。浪人らが村々を廻っては金品をゆすり、「坊主」「社人(しゃにん)」が勧化(かんげ)（寄附）を強要する行為に悩まされた鑓水(やりみず)村など一三か村は、明和(めいわ)五年（一七六八）四月、勘定所(かんじょうしょ)とも相談してこのような行為を一切拒否し、不法を働いた場合は捕らえ江戸に送致(そうち)すること、費用を共同して負担することを取り決めた。幕府は同年一一月、ゆすり行為を働く浪人の逮捕と江戸送致を関八州村々に命じた（『御触書天明集成』三〇九六）。これをうけ粟須村など六か村は、ゆすり行為を一切拒否することと召捕り費用の分担を決めている。幕府は安永三年（一七七四）一〇月にも、浪人と廻村する宗教者の不法行為の拒否と捕縛を命じ（『御触書天明集成』三一〇五）、文化九年（一八一二）、天保一四年（一八四三）（『幕末御触書集成』五〇二六）に繰り返し指示している。

幕府は安永七年四月、村々を徘徊する無宿者の取締り（『御触書天明集成』三〇六三）、文化二年六月、村に入り込む「悪党者」の取締り（『牧民金鑑』下）、文政九年（一八二六）九月、長脇差を帯びたり、鑓や鉄砲を持ち歩いたりして狼藉を働く無宿の捕縛と死罪などを命じ（同前）、天保一四年四月（『幕末御触書集成』五〇三七）、翌年五月（同前五〇三九）にも触書を出している。

浪人・無宿の横行に手を焼いた幕府は文化二年、関東取締出役を新設し、幕府領・藩領・旗本領・寺社領など支配の違いに関係なく犯罪人を逮捕できるようにした。さらに文政一〇年、関東地方の幕府領・旗本領・大名領の支配の違いに関係なく、四、五〇か村を単位として改革組合村の結成を命じた。四、五か村で小組合として小惣代、それを集めて大組合として大惣代をおき、宿など地域の中心的な村を寄場とした（文政改革）。無宿者や浪人の横行などを村々の共同した力と経費負担により抑制し、地域の治安向上を図った政策である。

浪人らへの村の対応

村は、幕府から浪人に金品を与えたり宿泊させたりすることを禁止され、不法を働く者の逮捕を命じられた。しかし、帯刀する浪人らに強い態度に出たり、捕縛したりするのは、恐ろしくそして危険だった。そのため村では、金品を提供して穏便に済ますことが多かったらしい。

八王子宿組合南部の村々一〇か村は天保六年（一八三五）、関東取締出役の了解を得て、浪人一人につき銭二四文を与えると取り決めている。一村ないし数か村が共同して番非人と契約を結び、年間いくらと決めて番非人に金を渡して浪人に応対させる、「浪人（士）賄い」という仕組みを作っている例も多い。

栗須村では、名主が小屋頭と契約し、小屋頭から浪人へ合力銭を渡している。小屋頭の支出帳簿によると、安政六年（一八五九）の一年間で、婦人・子供を含め浪人七二名が合力銭を受け取っている。一人で来る例もあるが、多くは数人、なかには八人もの集団で来る場合もあった。また、婦人・子供と五、六人など、女性と子供連れでやってくる例もあった。彼らは、「右は足料として御世話に相成り有りがたく存じ候」「右は御厚情に相成りかたじけなく存じ奉り候」など、感謝の念を表す文言の入った受領書を書いている。なかには、「右和御せに相名り申候」（正しくは「右は御世話に相成り申し候」か）などと、まともに文字の書けない浪人もいた。

女性を連れた朝日道玄は、三月に銭四〇文、五月に銭四八文、一二月に婦人・子供三人を含む六人でやってきた佐藤実之助らは銭七二文、五月に不破光之進ら三名は銭三六文を受け取っている。合力銭は一人平均で銭十数文らしい。武蔵国比企郡正代村（埼玉県東松山市）など二一か村は月番で浪人らに対応し、浪人一人に銭一六文を差し出すことを取り決めている（『東松山市の歴史』中巻）ので、そのあたりが相場らしい。

幕府が浪人らへの合力や止宿を禁止しても、村がそれを拒否するのは難しく、番非人と契約を結び、浪人たちが村に入り込んで個別的にゆすりをしない仕組みすら作っていた。浪人賄いでは対応できない、それとはレベルの異なる治安の悪化が生まれた。それは二つの面からだった。

深刻な治安の悪化

第一に、一九世紀半ば近い天保期（一八三〇〜四四）以降の大規模な打ちこわしを伴う大一揆の頻発であり、具体的には天保七年（一八三六）に多数の豪農商を打ちこわした甲斐郡内（甲州）騒動、および三河加茂一揆から始まり、慶応二年（一八六六）の武州一揆に至る大一揆である。

第二に、対外的危機の深刻化と新たな政体をめぐる政治・軍事闘争がもたらしたもので、ペリー来航以降の開国・開港と中央の政局に連動した尊王攘夷運動に関わる武士や浪士、幕府に抵抗する勢力、さらにそれを騙る浪人らの活動の活発化である。これらは、もはや浪人賄いで対応できるレベルを越えた。

打ちこわしの対象になる豪農・豪商は、家と地域の秩序を守るため、幕府の力だけに頼ることはできなくなった。そこに、豪農・豪商、富裕層の子弟が自衛のため武芸修行に励む理由が生まれた。また幕末になるほど、尊王攘夷の諸藩士や浪士などの政治・軍事闘争の余波が、多摩にも及んでくる。幕府は、反幕府、あるいは抵抗する勢力の捕縛、あるいは切殺しまで村に命じるようになる。

幕府は政権維持のため、代官、関東取締出役、さらには火付盗賊改などにより、お膝元である関東地方の治安維持に腐心せざるを得なくなった。その結果、幕府諸役人がしきりに廻村し、手配書の配布、容疑者の召喚、捕縛の指示、囚人の一時預けなどが、改革組合村を使って頻繁に行われるようになった。

幕府は、ペリーが再来航した嘉永七年（一八五四）正月、旗本らが知行地から多数の領民を江戸に呼び寄せると、手薄になった村に悪党が入り込む可能性があるとして、その捕縛、それが難しいならば切り捨て、打ち殺せと指示している（『幕末御触書集成』四四一五・四四一六）。幕府は、関東取締出役九名の他に臨時出役一四名を任命し、ペリー再来航により「人気不穏」になった江戸の後背地の治安維持を図った。

幕府の指示をうけた村側では、さまざまな警戒態勢をとった。拝島宿（昭島市）組合では、①住民の村外への他出制限、②各戸に竹鑓一本・草鞋一足を男の人数分用意、③挑燈を一戸に一張用意、④拍子木を一戸に一組用意、⑤非常手当として五人組で壮健者一人を決め、指示あり次第、名主方へ駆けつけること（隣村で異変の際は村境を固めること）、⑥関東取締出役から指示があり次第、壮健者人足を名主付添いで出すことなど、より具体的に取り決めている。柴崎村（立川市）では、村内一〇か所、裕福な家に番所を設けて村民が詰め番をし、合図次第、人数を出して悪党者を取り押さえる、という手筈を決めている（『鈴木平九郎公私日記』五）。

幕府は安政二年（一八五五）一〇月、江戸で起こった安政大地震に乗じて、牢内の囚人が逃亡し村々へ逃げ込むことを警戒し、その捕縛を命じた。さらに文久元年（一八六一）二月、浪人や無宿者の捕縛が無理なら打ち捨て、場合によっては鉄砲使用も許可して

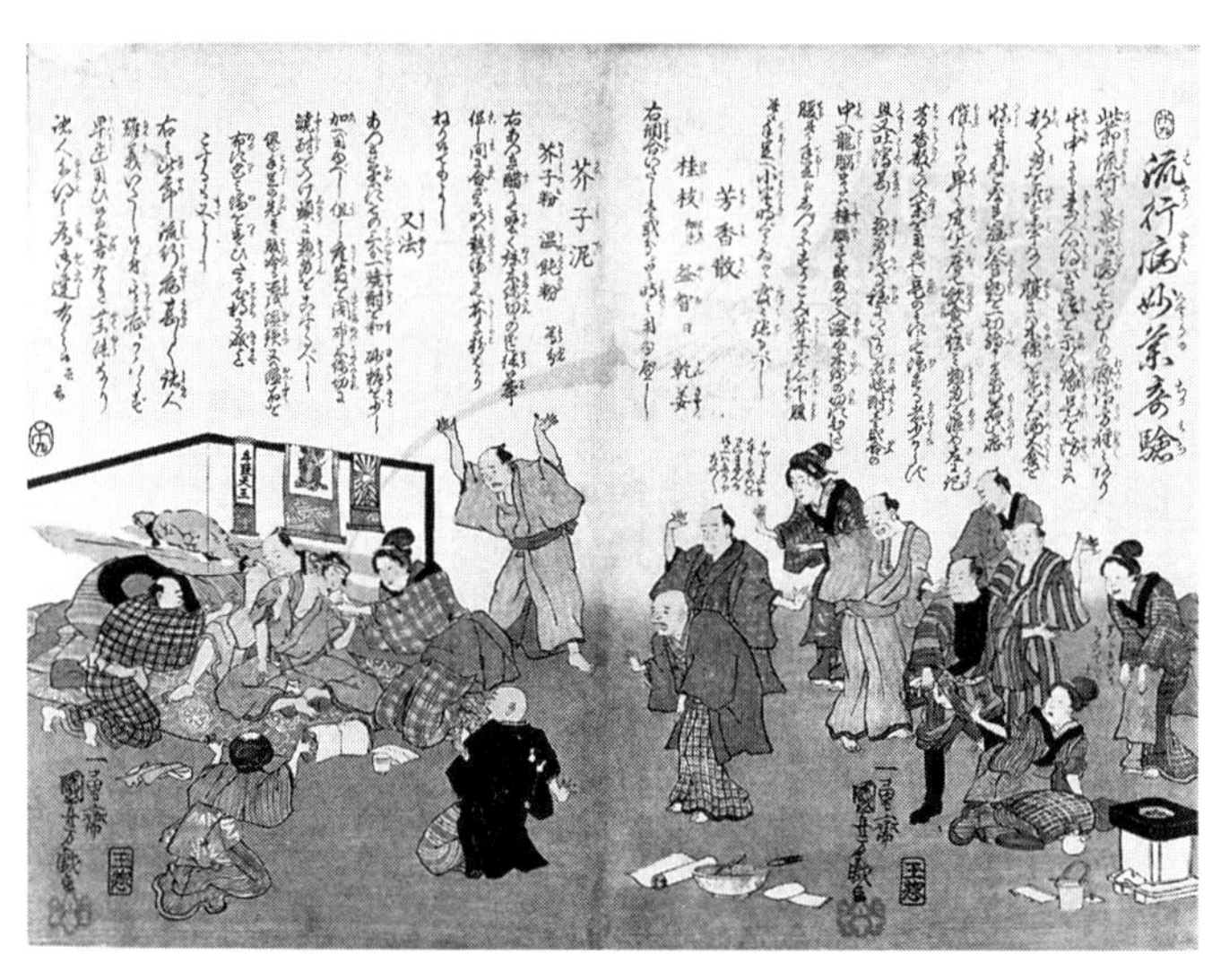

図7　安政５年流行のコレラについての瓦版（「流行病妙薬奇験」）

いる。治安維持のためなら、在村鉄砲の利用すら認めているのである。

コレラ・麻疹の流行

治安の問題と直接関係ないが、世相の悪化、人心を不安にさせるという点で、流行病（感染症）も重要である。コレラは「ころり」と呼ばれて恐れられ、安政五年（一八五八）の大流行が有名で、江戸では多数の死者を出して人びとを恐怖に陥れたことはよく知られている。江戸に近い多摩でも、かなりの流行が見られ、田無村（西東京市）では、八月一五日～九月三日の間に三名、田無村組合では一一名が死亡したという（『田無市史』第三巻通史編）。現八王子市域でも、西部地域で「異病流行」による死者が出ている。また、谷保村（国立市）の医師本田家が、多摩地域の村々に施薬していたことも知られている。

また、文久二年（一八六二）にも流行がみられた。多摩では、死骸から飛び出した獣を「コレラ病の獣」と呼び、「アメリカ国の尾裂狐」とも称したという（『田無市史』第三巻通史編）。この文久二年には、現八王子市域ではコレラより麻疹が大流行し、多数の死者を出した。この年七月から閏八月にかけて猛威をふるったらしく、『石川日記』十二によると上椚田村の川原宿地区では、毎日二、三の葬式があったほどで、近村でも同じようだという。日野宿も激しく流行し、コレラのように特別に病みもせず死亡し、日野宿か川原宿かといわれたほど、この二地区は流行したという。

ペリー来航以来の治安の悪化や社会不安に加え、コレラ・麻疹の流行は多摩の人びとの不安をいっそう増幅させただろう。

開港と外国人遊歩区域

安政六年（一八五九）六月の横浜開港以降、外国公使館を襲撃したり外国人を殺傷したりする浪士らが登場し、文久元年（一八六一）五月にイギリス公使館が置かれた江戸芝の東禅寺（港区）を襲撃した浪士、七月に麻布善福寺（港区）を襲撃した浪士らの捕縛と通報が村々にも命じられた。

多摩では八王子宿周辺までが外国人遊歩区域に含まれたので、旅行する外国人の保護が課題になった。外国人殺傷事件が相次いだため、幕府は横浜警備強化の一環として、万延元年（一八六〇）二月末から三月にかけて、北は多摩川、南は相模川、西は甲州道中を境にして、渡船場、街道の要所および海岸付近に見張小屋を設け、番人足四、五人を置くよう命じた（『佐藤彦五郎日記』二）。

八王子宿では万延元年三月、関東取締出役から八王子は相州から甲州への道筋の「咽喉」（重要な通路）にあたるので、見張番所を建て道案内人と番非人などを置いて昼夜番をするよう指示された。宿役人は、南は小比企村、北は左入村、そして八王子宿が「咽喉」にあたるとしてこの三か所に番小屋（「見張改所」）を建て、組合村役人と道案内人・番非人四、五人を一昼夜交代で詰めさせ見張ることにした。

しかし、負担が重いという理由から、見張番所の廃止が同年八月六日に関東取締出役からの廻状で伝えられている（『佐藤彦五郎日記』二）。

外国人の訪問

遊歩区域内の八王子宿は、八王子糸の名称で多量の生糸が横浜から輸出されたことから、外国人の来訪も多かった。小野路村（町田市）の元名主小島鹿之助が慶応三年（一八六七）一一月に書いた意見書によると、八王子宿へ近年しきりに横浜から外国人が来訪し、休憩や宿泊をしているという。

紀行文などを残しているだけでも、元治(げんじ)元年（一八六四）のスイス人貿易商のカスパー・ブレンワルド（『ブレンワルドの幕末・明治ニッポン日記』）、慶応元年のドイツ人考古学者のハインリッヒ・シュリーマン（『日本中国旅行記』）、同年のイギリス外交官のアーネスト・サトウ（『一外交官の見た明治維新』）らが知られている。なお、イギリス公使パークスも慶応三年九月、富士登山の帰路に甲州道中を通って八王子宿などを訪れている。つぎに、紀行文の一部を紹介しよう。

スイス人ブレンワルド

ブレンワルドは、三人連れで馬に乗り、横浜から町田、木曾村(きそ)（町田市）を経て八王子宿を訪れた。昼食をとった木曾村の茶屋では養蚕の様子を観察し、木曾村から八王子宿まで「見事な果樹園」を見ながら上り下りする丘陵を通り、街道の両側は桑の並木道で、丘陵からはよく手入れされた谷あいの耕地や近くの山地が素晴らしくよく見渡せたという。この描写から、多摩の勤勉な農民の姿をうかがうことができる。

八王子宿について、「たった一本の広くて長い道がこの町を作っており、家々は横浜のよりずっと美しくて大きいものだった。公の建物はその大きさと優雅さで群を抜いていた。

日本では何もかも非常に清らかに保たれている」と記し、道幅の広い甲州道中の南北に面して延々と続く町並と、建物は横浜より美しく大きいと描写し、公的な建物はその規模の大きさと優雅さという点で抜群だったと、八王子宿の繁栄ぶりを伝えている。

ドイツ人シュリーマン

トロイア遺跡の発掘で有名なシュリーマンは、六人のイギリス人とともに馬に乗り、ブレンワルドと同じ道筋を通って横浜から「絹織物の産地として産業の盛んな町」八王子宿にやってきた。道筋の桑畑や製糸について丁寧に描写し、養蚕と製糸業がさかんなことと、よく手入れされている耕地の様子を伝えている。八王子宿については、「二万の人びとが居住している町並を駆け巡ってみた。家屋は木造建築で二階建てであり、ところどころに銀行や政府の事務所に使用されている練り土で造られた耐火性の家屋がみられた。それぞれの家屋にはたいてい、手動式の生糸紡績機とか絹織物の販売所がある。道幅は二十六メートルあり、およそ一マイルにわたるその町の中心街には所々に滑車（かっしゃ）付きの釣瓶（つるべ）井戸がある」と描写している。人口二万もの繁栄した町であることと、道幅が広く町並みが長く続いている様子は印象的だったらしい。なお八王子宿内の道幅は九間（けん）（約一六メートル）、町並みは、横山宿から八木宿の外れまで約二キロである。

来訪した外国人への八王子宿周辺住民の反応も紹介しよう。

外国人と住民

慶応元年（一八六五）四月一一日、甲州道中沿いの上椚田村に初めて外国人二人が馬に乗って通りかかった。この村の住人で千人同心の石川喜兵衛は、「この道筋では唐人の初めての通行だったので、女衆と子供たちまで村の人びとが見物に出た」と日記（『石川日記』十二）に記し、物珍しいものを見る好奇心溢れた人びとの様子を伝えている。

同日記の慶応三年九月一四日条には、イギリス公使パークス一行の通行が、「富士山から甲州道中を下るおよそ一〇人ほどの唐人がいて、そのなかに女性が一人交じっていた、異人の荷物が通行するので村に助郷がかけられた」と書かれ、外国人女性は好奇の対象だったことを伝えている。

ブレンワルドは、八王子宿住民の反応について、「唐人！　馬鹿！」などありとあらゆる罵詈雑言を浴びせながらついてくる大勢の八王子宿の少年と、食事のために茶屋に入ると、「瞬（またた）く間に大衆が集まってきて、外国人が食事をするのを好奇心むき出しでじろじろ観察した」と、物珍しげに外国人をジロジロみる大人たちの姿を記している。夕食後に散歩に出ると、あまりにも大勢の人が集まってきたので、危険を感じて茶屋に戻っている。

ここには、物珍しさと好奇心からする八王子宿住民の反応を見ることができる。

小野路村（町田市）元名主の小島鹿之助が慶応三年一一月に提出した意見書で、「村方住民は皆、夷狄（いてき）を憎むことは、心中に徹底している」と書くような、外国人への敵愾心（てきがいしん）にもえた住民とはかけ離れていて、八王子宿とその周辺の人びとの反応こそが一般的だったのではないか。

尊王攘夷運動激化と治安の悪化

新徴組などの乱妨

幕府の治安維持組織が、逆に治安を悪化させた。

幕府は文久二年（一八六二）一二月、江戸で武芸に堪能な浪士（剣客）を募って浪士組を組織し、翌年二月に将軍家茂を警護するため上洛させた。しかし、指導者の清河八郎らが尊王攘夷を実行し始めたため、八郎以下二〇〇名を江戸に呼び戻し（京都に残留した近藤勇らが京都守護職配下の新撰組）、文久三年四月に新徴組に再編成して庄内藩の指揮下で江戸市中の取締りにあたらせた。

ところが、新徴組には無頼の徒もいて市中でゆすりたかりを働く者もいた。さらに新徴組と称して村を廻り、無銭飲食や無賃人馬を強要する事件も起こったため、文久三年六月に新徴組の印鑑影（印のかたち）を改革組合村寄場に配布している（『里正日誌』八）。

慶応二年（一八六六）二月六日夜五つ時（午後八時）、五日市村（あきる野市）の農間質屋渡世を営む内山安兵衛方へ、大小を差して立付（男物の袴の一種、後述）を履き、白木綿で後ろ鉢巻きをした新徴組浪人と称する二二～二六歳の五人組が押し込み、三五〇～三六〇両を奪い取った事件が起きている。さらに、火付盗賊改の小者と称して休泊する真偽不明の者も横行するなど、幕府の治安維持組織が逆に治安の不安定要因になっている。

幕府と抵抗勢力との対立抗争が、関東地方の治安の悪化を生んだ。幕府は、文久三年（一八六三）八月十八日政変で京都から追放された長州藩を中心とする尊王攘夷派勢力が各地に散らばったため、「浮浪の徒」「浪士体の者」の取締りと捕縛を命じた（『幕末御触書集成』五五二九・五五三〇・五五四〇）。水戸藩浪士や新徴組と称して攘夷を口実に富裕者をゆすり、また訴訟に介入して金を出させるなどの行為が増え、さらに勅命（天皇の命令）と称して百姓を仲間に引き込もうとする者も出てきた。将軍上洛を控えた文久四年二月、帯刀し浪人らしき者は容赦なく捕らえ、手向かう者は切り殺しても構わないと、村に命じている。

天狗党の乱と多摩

関東で内乱ともいうべき大きな事件は、元治元年（一八六四）三月に前水戸藩家老の武田耕雲斎、および藤田小四郎ら水戸藩尊王攘夷激派が、常陸筑波山（茨城県西部）で挙兵した天狗党の乱である。

幕府は、天狗党を「浮浪の徒」とし、それに悪党者が加わってむりやり金品を借りたり、軍用金と称して強制的に金を出させたりしたとして、村へ取締りを指示した。各人が六尺棒・木太刀・竹槍・袖がらみ・小梯子、鉄砲所持の者は玉薬と火縄を用意し、浪人・悪党を見かけたら半鐘を打ち、周辺村々から人を集めて取り押さえ、手に余れば殺しても構わない、と命じた（『幕末御触書集成』五六七五）。

天狗党は、日光を経て太平山（栃木県栃木市）に立てこもり、五月末に筑波山に戻った。幕府は六月、関東の諸藩に討伐を命じ、幕府陸軍なども出動した。その結果、天狗党が各地へ散らばり、甲州道中小仏峠を越えて八王子宿方面へ侵入するのを警戒した江川代官所は、かねて指示しておいた取締りの手順を発動した。それは、村の「鉄砲打」と「竹槍人足」の動員で、上恩方村では六月、それに応じて「竹槍組」五名とその予備五名の名簿を提出していた。

幕府は天狗党の討伐を本格化させ、取締りのため廻村する代官の屋代増之助の護衛として、手勢を率いた旗本二名（小笠原六五郎・三枝宗四郎）、および関東取締出役の関口斧四郎と江川代官手代の柏木捴蔵ら四人、合わせて七〇人ほどが駒木野宿へ出張ってきた（『幕末御触書集成』五六八〇）。さらに関東取締出役は、「小筒組」「竹槍方」および人足が出動した際の炊出しを村々に命じた。八月には、見つけ次第に竹槍などで打ち殺せと指図している。

討伐軍に敗北した天狗党ら一〇〇〇人（八〇〇人とも）余は、一一月一日に常陸国を出て、下野国、上野国、信濃国、飛驒国、越前国を経て上洛しようとし、三〇〇人が甲府へ移動した。利根川を越えて本庄宿（埼玉県本庄市）に向かったとの情報をうけて川越藩は、甲州と相州筋への脱走を防ぐため今市（栃木県日光市）、越生（埼玉県入間郡越生町）、扇町屋（埼玉県入間市）、八王子宿辺への出兵を若年寄の田沼意尊から命じられた（「大日本維新史料稿本」）。天狗党の一部が箱根ヶ崎（西多摩郡瑞穂町）から横浜へ向かうという風評があったため、川越藩兵三〇〇人（二〇〇人とも）が、一一月一六日に八王子宿禅東院に在陣し、さらに江川代官の手代二名も八王子宿へ出張ってきた。

一一月二〇日には甲府から九里（約三六キロ）ほどの所へ進出したとの情報により、一一月二三日、甲府警衛のため幕府歩兵隊一八五人が八王子宿に在陣、また同日、千人頭

図8　日野宿本陣

の山本弥左衛門の率いる千人同心二〇〇人が八王子宿を出立した。二四日には甲府に向かう若年寄の本多能登守忠紀が八王子宿に宿泊、大砲方と御先手六〇人ほどが八王子宿に宿泊、講武所奉行の堀石見守親義も八王子宿に到着した。その堀の家来は日野宿（日野市）に泊まり、高島藩諏訪家の家来も日野宿に泊まるなど、一一月二四日は、「今日のごとき大通行は、当道中（甲州道中）相始まり候以来の義に御座候」と日野宿名主が日記に書くように、多摩郡の甲州道中筋では前代未聞の騒ぎになった（『佐藤彦五郎日記』一）。

天狗党が八王子宿に接近することなく

終わり、八王子宿に駐屯していた川越藩兵も一二月二日に引き上げていったが（『大日本維新史料稿本』）、若年寄の田沼意尊は、大宮から所沢（埼玉県さいたま市・所沢市）を経て一二月八日に八王子宿に宿泊するため、府中（府中市）・日野両宿あわせて人足一二〇〇人、馬一〇〇匹の用意を命じた（『佐藤彦五郎日記』一）。幕府の天狗党討伐軍の慌ただしい展開は、甲州道中筋を中心に多摩に鋭い緊張と重い負担をもたらした。

武芸稽古の流行と幕府禁令

一八世紀末から一九世紀初めにかけて、武芸の稽古をする百姓が現れる。幕府が文化二年（一八〇五）五月、浪人を村に滞在させて武芸を学んだり、百姓同士が集まって稽古をしたりすることを、農業の妨げになるとともに、百姓の分際を忘れて勝ち気になるという理由で禁止する触書を出しているのは、そのことをよく示している（『御触書天保集成』六二九〇）。さらに、天保一〇年（一八三九）五月に再び武芸稽古禁止を触れ（『幕末御触書集成』四四〇四）、関東取締出役は万延元年（一八六〇）三月、武芸稽古の禁止がゆるみ、剣術修行の者を村に留め置いて稽古する若者がいるので差し止めるよう命じ、慶応三年（一八六七）三月にも禁止令を出した（『幕末御触書集成』四四二〇）。それと関わり慶応三年八月、天保一〇年に出した関東在方刀研屋・拵屋の禁止をふたたび触れている。

浪人や無宿者の横行に手を焼いた関東地方の村では、近世後期に入ると豪農子弟らの間で剣術の稽古が始まり、とくに天保中期の打ちこわしを含む大一揆を境に流行した。

多摩では、天然理心流の剣術がさかんで、二代目の近藤方昌は戸吹村の名主坂本家、三代目の近藤周助邦武は小山村（町田市）名主島崎家、四代目の近藤勇昌宜は上石原村（調布市）宮川家の出身である。一時は郷士や豪農の道場としてほそぼそ伝えられた程度の流派だったが、天保七年の郡内騒動（甲州騒動）ののちに村役人や豪農商の子弟らの入門が急増し、慶応二年の武州一揆直後にピークに達した。

日野宿名主（問屋）の佐藤彦五郎は、後述する日野宿組合農兵を指揮し、慶応二年の武州一揆の鎮圧、および翌三年末に八王子宿で起こった壺伊勢屋事件（甲府城乗っ取りを図った薩摩藩浪士らが、八王子宿壺伊勢屋で襲撃された事件）で活躍した。佐藤彦五郎は、奉行所の裁許によりいったんは終息した一九世紀初頭からの宿場騒動が、嘉永二年（一八四九）に宿場の火災から再燃し殺傷事件まで起こったのをきっかけに、天然理心流の剣士近藤周助を招いて剣術修行を始めた。屋敷の一角に造った道場に入門者が増え、安政五年（一八五八）には宿内で二三名にのぼった。道場では、近藤勇、土方歳三、沖田総司らも稽古に励んだという（『河野清助日記』一、解説）。

一九世紀以降の地域社会の不安定化を背景にして、百姓の武芸稽古が始まり、剣士相互の切磋琢磨もあって百姓の剣士・剣客が登場していった（杉仁『近世の地域と在村文化』）。

このような雰囲気の中から、新撰組の近藤勇や土方歳三、駒木野関所の関所番家の出身で薩摩藩浪士隊に加わった落合源一郎、立場は異にするが幕府側から国事に奔走した川村恵十郎らの人びとを輩出し、さらに後述する農兵も担っていった。戸吹村の松崎正作道場には、天保五年から万延元年（一八六〇）までの二七年間に四一三人の入門者、日野宿

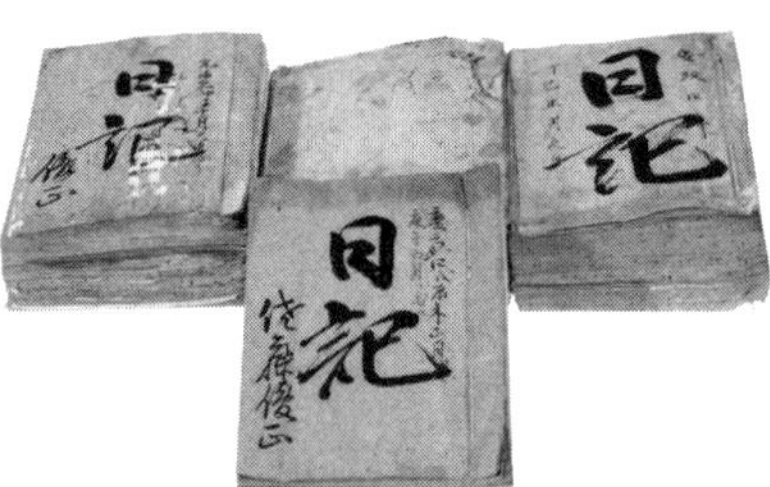

図9　佐藤彦五郎肖像写真（佐藤彦五郎新選組資料館蔵）と『佐藤彦五郎日記』（日野市蔵）

の佐藤彦五郎道場には、慶応三年に四〇人の入門者がいたという（平川新『日本の歴史十二　開国への道』）。

治安維持への活用

小野路村（町田市）元名主の小島鹿之助は慶応三年一一月、勘定所勘定頭取格への意見書の中で、百姓がその気質に関係なく武芸の稽古をし、酒乱や性行不良の者なども、身元不詳の剣術修行者を村に留めて稽古をするので、過ちを犯す者が出るのだと指摘し、気質の良い者だけに剣術稽古を認めるべきだと主張した。そして、一方で百姓の武芸稽古を厳禁し、他方で凶徒を召し捕らえろと命じるのでは、武芸を教えずして民を戦に使うのかと非難が沸騰するだろう、と幕府の方針の矛盾を厳しく批判した。

安政六年（一八五九）九月六日、戸倉新田（国分寺市）の百姓家に宿泊した浪士二人が夜中に金銭を奪って逃走した。この通報をうけた日野宿名主の佐藤彦五郎は追手を出し、日野宿の三名が抜刀する浪士と打ち合い、六尺棒で打ち伏せて捕らえた。これを聞いた小島鹿之助は、佐藤彦五郎に手紙を送り、浪士を生捕りにしたことを高名と讃え、「方今の時節、武術上達の諸君、御宿方え御出来なされ、是天狗と存じ奉り候」と羨ましがった（『佐藤彦五郎日記』一）。

佐藤彦五郎も小島鹿之助もともに天然理心流を学んだ剣士であり、浪士を生捕りにした三名も同様である。浪人・浪士の捕縛、手に余れば殺傷せよと命じられても、武芸の心得なくして不可能である。幕府の禁令は多摩の現実と矛盾していた。

だが、代官手代や関東取締出役らにより、犯罪人の追跡や逮捕のための人足という名目で動員される日野宿の者は、このような剣術を稽古した者で、幕府は治安維持の手足として活用しているのが実態だった。百姓・町人の武芸稽古は、禁令にもかかわらずますますさかんになり、幕府も禁令を出す一方で、関八州の治安強化のため、武芸を稽古する百姓・町人を幕府の軍事力・警察力の補完に動員しようとした。それが、浪士組、のちの新撰組や新徴組であり、多摩では農兵の取立てになる。

幕府は文久三年（一八六三）一一月、関東代官に在陣を命じ、陣屋（じんや）のない者に陣屋の取立てを指示した。江川代官は、江戸に近いという理由で府中宿付近を出張陣屋の候補地にした（『里正日誌』八）。

それには武芸稽古場を設け、①改革組合村惣代や村役人、裕福な平百姓の本人または悴（せがれ）に武芸の稽古を許可すること、②武芸稽古人のうち農作業に支障のない次・三男などを陣屋に詰めさせること、③旗本・御家人の悴や厄介（やっかい）のうちで目録（剣術の免許）を持つ者を代官所に付属させること、などが指示された（『幕末御触書集成』二八二六）。部分的とはいえ百姓の武芸稽古を解禁した背景には、「もっぱら武芸流行、一途に禁じがたし」（元治元年五月遠国代官宛て申渡。『幕末御触書集成』二八三二）という現実をふまえ、代官陣屋を警備する必要性があったからだろう。

農兵——百姓の治安維持動員

猟師・拝借鉄砲の動員

農兵より早く、幕府は猟師鉄砲や拝借鉄砲（幕府貸与）の所持者を治安維持に動員しようとした。そのほか竹槍隊なども組織して、代官や関東取締出役が利用できる警察・軍事力とし、治安維持機能を補完する役割を担わせようとした。

関東取締出役は、村にある猟師鉄砲や拝借鉄砲に目をつけ、利用しようとした。上州岩鼻代官所（群馬県高崎市）を拠点にした関東取締出役は、元治元年（一八六四）の天狗党事件の発生をうけ、陣屋を防衛し事件を鎮圧するため猟師鉄砲隊を編成し、天狗党を追討する軍事力の中心にした事例がある（『群馬県史』通史編4近世1）。

現八王子市域の山間部農村には、猟師鉄砲の数は少ないが、たくさんの拝借鉄砲があった。関東取締出役は万延元年（一八六〇）一一月一八日、八王子宿役人と改革組合村大小惣代へ、①拝借鉄砲と猟師筒は、異変の際、出動させることがあるので、持ち主の名前と鉄砲数を調べ保土ケ谷宿（神奈川県横浜市）に持参すること、②弾薬を用意し、指示あり次第に鉄砲所持者に村役人が付き添って駆けつけること、を命じた。駒木野宿・小仏宿組合村は幕府領一一か村を調査し、拝借鉄砲は合計二三〇挺あるが、老朽化し役に立つのは数挺にすぎず、そのうえ持ち主には老人や幼年者も多く、なかには極貧のため玉薬を用意できない者もいるので、とても御用には役立たないと事情を説明し、免除を嘆願した。

組合村二〇か村と寄場の小仏宿・駒木野宿役人は、嘆願が許可されなかった場合に備えて議定書を作成し、江川代官所へ差し出した。その内容は、①鉄砲一挺につき一日銀一二匁、付添い村役人とその供で一日銀一五匁を支給すること、②出動した者が変死などした場合、一人につき見舞金五両を出し、死体引取り費用などは組合村負担にすること、③玉薬は各村で用意し、不要になった場合はその村の負担とすること、④「拝借鉄砲隊」を引率し監督する宰領は、組合村から二人、寄場から一人出すこと、以上の四点だった。

これによると、「拝借鉄砲隊」はヒトもカネもすべて組合村の負担で維持されるものだった。上恩方村では、万延元年一二月に人選し、鉄砲所持者三名、添え人足二人、予備人足二人を決め、指示があり次第に出動することを取り決めた。

慶応二年（一八六六）六月の武州一揆の際、上恩方村では指示をうけて「四季打鉄砲」を差し出し、その出動賃金として二名に四両ずつ、五名に三分ずつを渡しているので、一揆鎮圧に駆り出されたのである。

農兵とは

農兵とは、幕末に対外的危機に対する防備強化の必要から、百姓を組織して生まれた軍隊のことである。伊豆韮山（静岡県伊豆の国市）代官江川太郎左衛門英龍は天保一〇年（一八三九）、天保八年のモリソン号事件（日本人漂流民七名を連れて浦賀に来航したアメリカ商船モリソン号を、浦賀奉行所が砲撃し退去させた事件）を契機に、管轄地伊豆下田（静岡県下田市）の海岸防備を論じるなかで農兵創設を幕府に建議した。さらに、嘉永二年（一八四九）閏四月にイギリス測量艦マリナー号が、下田港に渡来し測量する事件が発生したことから、簡易で安上がりな策として再度幕府へ献策した（『江川坦庵全集』）。江川英龍の農兵は、対外的危機に備える幕府軍備が手薄な場所を防備する、という発想から考案されたものである。

幕府は、二度とも江川の建議を採用しなかった。それは、軍事は武士身分固有の役割であり、百姓身分の武芸稽古を一貫して禁止してきた経緯があるからである。農兵は、江戸時代の身分制度、および武士による百姓・町人支配の根幹に抵触するからだった。

開国・開港により欧米列強との緊張関係が強まり、国内でも尊王攘夷運動など幕府に抵抗する勢力が、各地で暴動や蜂起を起こすようになった。そのような情勢下で、関東地方の治安はますます悪化していった。独自の軍事力をもたない代官は、関東取締出役らとともに、改革組合村の共同した力による治安維持を図るとともに、竹槍隊や拝借鉄砲隊を組織し、百姓を軍事・警察力として動員しようとしてきた。

江川英龍のあとを嗣いだ英敏は文久元年（一八六一）一一月、農兵取立の範囲を関八州と駿河国・遠江国・三河国にまで拡大し、平時は地域の治安維持、軍事技術が向上すれば戦争や反乱鎮圧に各地へ動員できる、という主旨の建議を提出した。幕府は文久三年一〇月、江川代官支配地に限り農兵取立（「農兵銃隊取立」）を認めた。その背景には、尊王攘夷運動が頂点に達した文久三年八月、吉村寅太郎らが公家の中山忠光を担いで大和五条（奈良県五條市）の幕府代官所を襲った天誅組事件、同一〇月に平野国臣らが公家の沢宣嘉を擁して但馬生野（兵庫県朝来市）の幕府代官所を襲撃した事件など、相次ぐ代官所攻撃事件があった。

農兵取立と費用

江川代官支配地では、文久三年（一八六三）一一月から農兵取立が始められ、武蔵・相模・伊豆・駿河の四か国で約五〇〇〇人、武蔵・相模二か国で四一五人と見積もられていた。各組合（幕府領のみ）ごとの人数が表1である（『里正日誌』八）。

農兵は村高ではなく男の人数につき何人と計算され、組合村ごとの事情を加味して見積もられたらしい。江川代官は慶応元年（一八六五）九月、武蔵・相模二か国で約五五〇人、伊豆・駿河二か国で約五五〇人、合計約一一〇〇人と勘定所に報告している（同前）。

幕府領組合村へは、①文久三年一〇月「農兵御取立につき宿村口達覚書」、②同年一一月「別段内意箇條」、③「隊伍組立並びにその外規則書」が交付された（同前）。各々の主旨はつぎの通りである。

①は、農兵取立の主旨は、郷里の平和を維持（郷土防衛）し、産業と子孫繁栄のためと説明する。そして、農兵に選ばれた者は身を慎むことなど、農兵心得を諭している。

②は、江川代官の手代が地域有力者に説諭したものという（『田無市史』第三巻通史編）。農兵は江川家三代の宿願であり、欧米列強と横浜鎖港を交渉中という厳しい対外情勢を前に、何もしないでのんきにしてはいられないと訴え、a農兵を支援したいという

表1　文久3年10月農兵取立人数見積書

組合名・村数	石高	家数	男人数	女人数	百分比	農兵
八王子宿組合7村	2,490	2,205	4,723	4,532	1.05	50
駒木野小仏宿組合10村	4,227	1,517	3,612	4,034	0.7	25
日野宿組合23村	7,310	1,319	3,449	3,357	1.1	39
田無村組合21村	7,210	1,264	3,751	3,693	1.0	38
青梅村組合13村	3,142	1,424	3,609	3,601	0.7	25
五日市村組合18村	3,382	1,172	3,032	2,931	0.8	25
拝島村組合28村	11,301	2,632	7,575	7,612	0.8	64
氷川村組合16村	1,765	1,301	2,801	2,542	0.4	12
檜原村1村	774	629	1,777	1,615	0.3	6
上新井村組合21村	5,217	6,151	3,395	3,002	0.8	25
木曽村組合11村	1,832	279	867	649	1.3	12
藤沢宿組合8村	4,098	2,264	6,303	6,212	0.8	50
藤沢宿瀬谷野新田	154	28	80	95	3.7	3
寺山村	90	20	60	47	1.6	1
日連村組合10村	3,559	1,235	3,195	3,181	0.78	25
中野村組合6村	1,527	468	1,072	1,127	1.4	15

注1　百分比は，男100人につき農兵何人という比率.

2　氷川村組合と檜原村の百分比が少ないのは，非常の節は猟師が出るという理由.

有志者を調べておくこと、b銃砲などの装備や調練の経費にあてるため、献金や差出金の可能な者を調べておくこと、c農兵勤務中は特別の身分（苗字と帯刀）を与えられ、献金者には褒賞があること、d山野を開墾して近隣の次・三男を入植させ、平時は農民、有事は兵卒になる屯田兵を検討すること、e農兵そのほか取締りに関する意見・献策を内々に申し出ること、などを諭している。農兵は、地域有力者の理解と協力なしには成り立たなかった。

③は、農兵隊の組織、指揮系統に関わるもので、二五人で一小隊、鉄砲は「高島流小筒」（ゲベール銃）を貸与、胴服（羽織。袖なしで武士の陣中用）・立付（裾を紐で膝下にくくりつけ、下部が脚絆仕立ての袴）は各自用意する。

鉄砲の代金すら農兵に負担させる計画だったが、それでは幕府の御威光と取締りに関わる、という理由で貸与制になったという（『里正日誌』八）。

鉄砲以外に必要な火薬や雷管（爆薬を爆発させる起爆剤を詰めた物）は、農兵側の負担だった。日野宿（日野市）組合は慶応元年（一八六五）七月一三日、農兵砲術合薬（火薬）五貫目と雷管三〇〇〇の代金四両、永六六文の納入を代官所から命じられた（『佐藤彦五郎日記』二）。

農兵の出身階層をみると、田無村（西東京市）組合はほとんどが村役人の子弟（『田無市史』第三巻通史編）、日野宿組合の連光寺村（日野市）も中上層農民で、指揮者は村役人層（『日野市史』通史編二（下））、蔵敷村（東大和市）組合も、村役人層と大高持ちの百姓、およびその子弟だった（『東大和市史』）。農兵は、村役人層ら地域有力者により担われていた。

農兵調練

百姓を兵に仕立て上げる調練は、まず指導層の育成から始まった。元治元年（一八六四）九月二一日、田無村名主の下田半兵衛、蔵敷村名主の杢右衛門、福生村（福生市）の十兵衛ら九人が拝島村（昭島市）で集会し、代官の命をうけ、九月二六日に一組合につき一人を芝新銭座（港区）の江川代官屋敷（大小砲習練場を併設）に稽古に出すことを決めた。稽古に出たのは、田無・拝島・青梅（青梅市）・檜原（檜原村）・蔵敷・駒木野宿・氷川村（奥多摩町）組合からの一一名だった。その多くが、名主や組頭など各組合の指導層の子弟だった（『里正日誌』八）。彼らが帰村してから、農兵調練が始まる（『東大和市史』）。

蔵敷村組合では、慶応元年三月一一日から砲術下稽古が始まり、五月五日まで名主家や寺院の庭などで行った（『里正日誌』八）。六月一三日から代官手代と砲術教授方（代官江川氏は幕府鉄砲方を兼任し、砲術に堪能な家来たちが普請役〈勘定所役人〉の格式で鉄砲方手付(つけ)に採用され、砲術教育にあたった）が田無村に来て、蔵敷村ほか一〇か村の農兵は田無村に出向いて稽古を受けた。蔵敷村組合では七月二日、村内の畑三反歩を農兵稽古場に定めた。七月五日には、蔵敷村の五名が「高島流砲術」に精励したという理由で農兵稽古世話掛(かかり)に任命され、農兵の「奮発(ふんぱつ)勉強」「熟達」のため世話するよう命じられた（同前）。

各地の農兵調練

日野宿では慶応元年（一八六五）二月一一日から、農兵担当の江川代官の手付(てつけ)と手代(てだい)、および砲術教授方が宿に泊まり込み、宝泉寺境内で「西洋流鉄砲調練」を始め、三月一五日まで続いた（『佐藤彦五郎日記』二）。

ついで佐藤彦五郎の所持地に東西四〇間・南北二三間の調練場を造り、慶応元年八月一日から同所で稽古を開始した（同前）。日野宿農兵二二名は江川代官手代の三浦剛蔵より、慶応元年八月二五日から箱根ヶ崎村（瑞穂町）で行われる拝島村組合の調練に参加するよう命じられた（同前）。慶応元年一二月一六日を皮切りに、佐藤彦五郎が農兵を引き連れ、調練を兼ねて組合村を巡回している。慶応二年正月二〇日には手代による農兵調練の見分があり、二月三日から二四日までは、農兵の砲術稽古が三日の休みを除いて続けられた。

日野宿組合の場合、砲術と剣術の稽古が組み合わされている。三月三日に、日野宿調練場で砲術と剣術の稽古があり、登戸(のぼりと)（神奈川県川崎市）・染屋(そめや)（府中市）・金子（調布市）・

大沢・立川（立川市）・八王子・相原（町田市）その他の近村から剣術執心の者が出席して「源平立ち別れ野試合」が行われた。四月八日には、日野宿川除にて撃剣野試合があり、染屋・大沢・国領（調布市）・金子・小山田（町田市）・八王子・粟須村などから一三〇人ほどが参加、八月二〇日には、八王子子安川原において剣術野試合があり、日野連中が出席している。慶応三年二月五日、日野宿内の四人が相原村へ剣術稽古に行き、二月一六日には、佐藤彦五郎が一人を同道させて、上柚木村へ剣術稽古に行っている。これらは遠征稽古なのだろう。日野宿組合農兵が砲術のみならず剣術を稽古しているのは、指導者佐藤彦五郎が天然理心流近藤周斎門下の剣客であることにもよるのだろう。

五日市村（あきる野市）組合では、慶応元年三月末から四月初めに砲術教授方の長沢房五郎と山田清次郎、江川代官手代の三浦剛蔵が来て調練をうけている。

八王子宿では、慶応二年一一月一一日に砲術教授方の山田清次郎が農兵教示のため出役するので、村役人が農兵を連れて横山宿に来るようにと通達している。「月六才稽古」とあるので、月六回の定期的な訓練が行われたらしい。なお、蔵敷村組合も五と十の日の六回だった（『東大和市史』）。

また同年九月二八日には、八王子宿農兵が稽古のため、鑓水村・小山村（町田市）まで行軍すると通達し、農兵は手弁当を用意しているので何ら構う必要はないとも伝えている。江川代官手代による農兵の技量点検も行われ、横山宿役人は慶応二年正月二七日、農兵業前見分があると急廻状を出した。

なお、駿河国・伊豆国の江川農兵は慶応元年五月二四日、将軍徳川家茂が第二次幕長戦争のため大坂に向かう途中、富士川の川原で調練の上覧があり、お褒めにあずかったという。代官手代の三浦剛蔵は、名字や帯刀を許された者もいると伝え、農兵として調練を積めば身分上昇の可能性があると示唆し、多摩農兵を督励している（『里正日誌』八）。

鉄砲の貸与

農兵の取立とその訓練が始まり、慶応元年三月一日に鉄砲（付属品とも）が幕府から渡されている。江川代官は文久三年一一月、勘定所に農兵数を約五〇〇人（うち武蔵・相模二か国で四一五人）と想定し、小筒五〇〇挺を渡すよう求めていた（同前）。慶応元年三月の農兵組合ごとの農兵数と貸与鉄砲数が表2である。

貸与鉄砲数は、農兵人数の半分にあたる。江川代官は慶応元年九月、農兵人数が武蔵・相模二か国で約五五〇人、伊豆・駿河二か国で約五五〇人、合計約一一〇〇人になり鉄砲が不足することから、新たに六〇〇挺の貸与を勘定所に求めている（同前）。これにより計算上は農兵一人に銃一挺になる。

蔵敷村では慶応元年一一月一三日、「船来形ケウエール御筒」七挺を貸し渡され、さらに翌年正月にさみだれ式に貸与されている（同前）。八王子宿農兵が使う鉄砲全部が、慶応二年正月一九日に貸与されることになり、各村の名主・年寄が受領を指示されている。江川代官の要望が認められ、農兵一人に銃一挺が貸与されたのだろう。なお、貸与された鉄砲は「ケヘル」「ケウエール」などと書かれているので、ゲベール銃（オランダ語で小銃。先込式滑腔（かっこう）銃身の洋式銃）だった（『里正日誌』八）。

表2　慶応元年3月貸与鉄砲数

農兵組合	農兵人数	鉄砲数
田無村	38	19
日野宿	39	19
八王子宿	50	24
小仏宿	25	12
青梅村	25	12
五日市村	25	12
拝島村	64	32
氷川村	12	6
檜原村	6	3
蔵敷村	25	10
木曾村	12	6
藤沢宿	50	24
瀬谷野新田	3	2
日連村	25	12
中野村	15	7
寺山村	1	0
合　　計	415	200

出典　『佐藤彦五郎日記』一.
注　鉄砲の内訳は「鉄シト158挺」「真鍮42挺」.

鉄砲は幕府から貸与されたが、胴服（どうふく）・立付（たつつけ）は農兵の自前とされ、調練や運用の経費も幕府（江川代官）から支給されず、すべて村側の負担だった。

農兵献金

江川代官手代の説諭にもあったように、農兵を創設し維持・運用する資金は、幕府領の村や有志からの献金と差出金に依存した。表3は、文久三年（一八六三）一一月に武蔵・相模両国内の江川代官支配地一三組合と檜原村が書き出した農兵献金額で、総額金七八四八両にのぼった。八王子宿組合はもっとも多く、一六九六両で全体の二一・六％を占めた。相模国藤沢宿（神奈川県藤沢市）組合が第二位で一〇〇〇両、第三位に拝島宿組合の八二七両が続き、八王子宿の経済力がしのばれる（同前）。

八王子宿組合の献金のうち、庄五郎・平兵衛・音次郎・常蔵が各五〇両、弥七が七〇両、寺町宿弥八が一〇〇両（以上八王子宿）、それに小山村の清兵衛が五〇〇両、鑓水村の要右衛門が二五〇両という大口献金があり、それだけで合計金一一二〇両になる。小仏・駒木野宿組合では、上椚田（かみくぬぎだ）村の山口安兵衛の二五〇両、下恩方村の中嶋仙助の五〇両が大口献金である（『里正日誌』九）。なお、同組合の上恩方村では一九名が、一〇両から一両の幅で合計六〇両の献金を書き上げている。

農兵献金は、一度に全額を納入したのではなく、江川代官所は元治元年（一八六四）一二月一五日までに半額を、翌年二月一五日までに残金を納めるよう命じた。この残金分の献金は「御貸付」になる、とも申し渡され（『里正日誌』八）、おおむね二回の分割上納だった。

江川代官手代の有力者への説諭に、献金者には褒賞があるとされていた通り、慶応元年（一八六五）閏五月に褒美銀が下された（『里正日誌』九）。

表3　農兵取立献金書上額

組　合　名	献金額(両)
八王子宿組合	1,696
小仏駒木野宿組合	495
日野宿組合	624
田無村組合	782
蔵敷村組合	354
青梅村組合	400
氷川村組合	120
拝島村組合	827
五日市村組合	700
檜原村	100
木曾村組合	200
中野村組合(相模)	200
日連村組合(同上)	350
藤沢宿組合(同上)	1,000
合　　計	7,848

江川代官所の献金運用

江川代官所では、幕府領の村と有力農民の献金により、「農兵御用御貸付金」という名称の基金を作って運用していた。元治二年（一八六五）三月二〇日、「農兵御用御貸付金」二〇〇〇両を横山宿と八日市宿の名主に貸し付け、慶応四年（一八六八）七月、八王子宿役人惣代の馬乗宿（うまのり）名主へ五〇〇両、同年一二月、八王子宿役人惣代の寺町宿名主へ五〇〇両を年利一割二分で貸し付けている。また、小川村（町田市）の組頭、氷川村（奥多摩町）の役人惣代、相模藤沢宿の問屋（といや）などにも貸し付けている。江川代官所は、この利子収入も農兵の運用・維持費にあてたのだろう。

江川代官所の「慶応四年　農兵入用請払帳」によると、慶応四年正月一八日に「横浜表にて御買上げの御鉄砲ならびに玉薬代」として九四〇両、同年二月二日に「ミニー銃五拾挺韮山（にらやま）表差立入用」として一三両余を支出している。農兵用の鉄砲、なかでも最新鋭に近いライフル銃であるミニエー銃を横浜で購入していた。第二次幕長戦争の戦況から、ミニエー銃が射程距離や命中精度（「弾着遠近命中」）でゲベール銃より格段に優れていることを知った江川英武（ひでたけ）は慶応二年七月、「農兵入用御貸付利金」からミニエー銃一二〇挺を農兵用に購入することを勘定所に願い出ている（『里正日誌』九）。

農兵負担と受容

一般農兵と指揮官は村役人などの上層農民（とその子弟）であり、農兵の取立・運営経費は有力農民からの献金や献金を運用した貸付利子があてられた。

それだけではない。日常的な農兵経費は、たとえば日野宿組合の場合、慶応二年（一八六六）三月一日に江川代官支配の村々が寄合をもち、組合高七五五六石で割り、高一〇〇石につき永四五六文余の負担と決めている（『佐藤彦五郎日記』二）。組合内部で石高に応じて負担、つまり多摩の江川代官支配の幕府領民全体が、所持石高に応じて負担した。江川農兵は、ヒトもカネも村役人などの有力農民に多くを依存していたが、田畑を所持する住民は等しく石高に応じて担っていたのである。

江川代官支配下の多摩の村々では、農兵の取立に表立った抵抗や反対の動きを史料上では確認できない。しかし、幼年の江川英武に代わって江川代官手付の柏木捴蔵が慶応二年七月、勘定所（勘定奉行から老中・若年寄へ提出されたという）に差し出した上申書（『里正日誌』九）によると、農兵の取立は江川代官支配地だけの余計な負担と見なされたという（「太郎左衛門支配所のみ余計の課役のよう心得え候向き多く」）。しかも前年の文久二年（一八六二）一二月に旗本兵賦令が出され、該当する旗本領村々が当惑し苦しんでいる様子を見て、同じようになるのではと恐れ、なかなか納得されなかったという。

だが、現実に創設された農兵は、兵（ヒト）も資金（カネ）もその多くが地域の豪農や村役人層によって担われた。地域内外で矛盾が激化する一方、幕府の治安維持能力は低下した。そこで、みずからの政治的・経済的な利害を自力で守る必要に迫られた豪農や上層農民は、郷土防衛、地域の治安維持を主眼とする農兵創設を受け入れたのだろう。

農兵の治安維持動員

農兵は、日常的に地域の治安維持活動に動員されていた。

日野宿名主の佐藤彦五郎は慶応元年（一八六五）一二月一六日、日野宿組合農兵を引き連れ、粟須新田から石田村、粟須・宮沢・中神・筑地・福島・郷地・柴崎・上下谷保村（八王子市、日野市、立川市、国立市にまたがる）を見回り、同月一七日は、宮・万願寺・下田・新井・石田・上下落川・一ノ宮・連光寺・関戸・乙田・貝取・落合・堀之内・程久保・高幡村（日野市から八王子市）を見回っている。翌慶応二年正月一七日には、四ッ谷村（府中市）中河原から上下谷保村（国立市）まで見回り、正月二三日に、高幡・平・平山・豊田（以上、日野市）・堀之内・上田村（日野市）を農兵が見回り、正月二五日には農兵による柚木領の見回りを行っている。

慶応元年七月二八日、甲州石和（山梨県笛吹市）代官所から、甲州藤ノ木村（山梨県甲州

市）で鉄砲による殺傷事件を起こした犯人の召捕りを指示された日野宿名主の佐藤彦五郎は、農兵七人を八王子宿に出動させ、彦五郎本人も八王子宿に赴いている（『佐藤彦五郎日記』二）。慶応二年六月の武州一揆の鎮圧には、江川代官配下の農兵が貢献した。それは、農兵が地域の治安維持の目的を果たした最大の出来事だった。これについては後述する。

農兵の軍事動員

幕府は、地域の治安維持活動を越えて農兵の利用を図った。

慶応二年（一八六六）六月、第二次幕長戦争に動員する計画を打ち出し、大坂にいた老中小笠原長行（あるいは老中板倉勝静）は、いそぎ農兵を大坂へ上らせるよう江川代官に指示した。代官手代は村側を説得したが、農兵取立の主旨と違う（「最初農兵御取立の御趣意とは相振れ」）という村側の抵抗にあったうえ、武州一揆が起こりそれどころではなくなってしまった（『里正日誌』九）。なお、日野宿に出役してきた江川代官手代の増山健次郎は六月一四日、農兵の大坂動員は代官から断ったと伝えている（『佐藤彦五郎日記』二）。

武州一揆鎮圧後も、幕府あるいは江川代官は、「郷土防衛」を越えて農兵を活用しようとした。慶応二年五月に結成された小野路村（町田市）組合農兵は、慶応三年正月に背旗棹、大砲（木砲）、鉢鉄、陣笠などの装備が整い、三月には行軍足並み、調練、他地域へ出陣する訓練など、農兵隊としての強化を図った（『小島日記』32）。拝島宿組合は、それまで農兵についてあまり積極的ではなかったが、武州一揆を鎮圧した主力が農兵だったことを実感し、組合村の自衛と農兵制に積極的になった。それのみならず、大神村（昭島市）のように旗本知行所でも、知行主の旗本に農兵の取立を要求する村も出てきた（『昭島市史』）。

慶応三年三月、相州観音崎御備場（神奈川県横須賀市）警衛を命じられ、預所三万三〇〇〇石余の支配と農兵による警衛を指示された江川代官は、同年五月二七日、農兵に出動を命じた。組合村農兵一組合から四、五人が一か月間の勤務とし、人選して来月四、五日頃までに差し出すよう指示した（『佐藤彦五郎日記』二）。武蔵・相模国内一四の農兵組合から五四人の農兵が、地域の治安維持と無関係の観音崎台場へ派遣されたのである。

八王子宿組合の割当ては五人、駒木野・小仏宿組合は四人だった。蔵敷村組合一番手の農兵三人の場合、六月一四日に観音崎台場に到着して任務につき、交代する二番手が台場に到着すると七月九日に帰村命令が出た。村を出発して帰村するまで、約一か月の動員だった。蔵敷村組合では、農兵三人の衣服などを含めて一〇両余、さらに、「軍人の儀・非常の儀」のため父兄が心配して農兵を出したがらないため、手当として一人一五両、結局一番手と二番手あわせて一一〇両の負担になったという（『里正日誌』九）。拝島宿組合では、一五〇両を超える負担になっている（『昭島市史』）。

慶応三年一二月一四日に八王子宿で起こった、薩摩藩浪士らによる江戸後方攪乱（かくらん）行動を鎮圧した事件（壺伊勢屋事件（つぼいせや））では、江川代官手代の増山健次郎により日野宿農兵が動員された。さらに江川代官は慶応三年一二月二〇日、江戸の治安が非常に危険な状態になったという理由で、芝新銭座江川屋敷（港区）の警備に農兵を動員しようとした。農兵五人を屋敷に詰めさせるよう命じられた蔵敷村組合は、①地元の防備が手薄になること、②農兵が、どのような任務を命じられるのか強く心配し江戸詰めを忌避していること、などをあげて指示に従えないと嘆願した。代官所が組合惣代二名を拘束するという厳しい姿勢に出たため、やむなく三人の農兵を出すことにした。結局、惣代二人も解放され、農兵の屋敷詰めも中止になった（『里正日誌』九）。

幕府・代官所は、農兵をさまざまに活用しようとしたが、負担の大きさや農兵創設の主旨から外れていることなどを理由に村側から強い抵抗をうけた。

勘定所八王子宿陣屋設置計画——情勢緊迫化と支配強化

勘定所関東在方掛の新設

幕府は、尊王攘夷運動の激化に対処するため、中山道沿いの北関東の治安強化を図り、上野国の幕府領五万八〇〇〇石を支配した岩鼻代官所（陣屋。群馬県高崎市）の強化に取り組んだ。

まず文久三年（一八六三）、代官の江戸在住を改めて新任代官の小笠原甫三郎を陣屋に常駐させ、そこを活動拠点としていた関東取締出役とともに上州の治安維持にあたらせた（『群馬県史』通史編4近世1）。また、関東地方の幕府領を支配する代官九名に文久三年一一月一五日、①代官陣屋を設けて在陣すること、②馬喰町（中央区）代官役所詰め代官は江戸近傍に出張陣屋を設け、武術稽古場を付置して百姓に武芸を稽古させ、陣屋警衛にあたらせることを命じた。すでに紹介したように、江川代官は、勘定所から甲州道中府中宿（府中市）の最寄りに陣屋を設けるよう指示された（『里正日誌』八）。

幕府は元治元年（一八六四）一一月、かつて関東幕府領の農政にあたった関東郡代を復活させ、勘定奉行の松平対馬守正之、花房釟之丞、杉浦牧豕郎の三名を任命した。松平に武蔵国と相模国、花房に安房国と上総国、杉浦に下総国と常陸国を担当させる支配国体制を採用した（『幕末御触書集成』一七九四）。

翌慶応元年（一八六五）閏五月、元勘定奉行の木村甲斐守勝教を関東郡代に任命し、岩鼻陣屋に在陣させ武蔵国と上野国の支配を命じた。以後、勘定奉行が多く関東郡代を兼任し、勘定所が岩鼻陣屋を拠点に上州全域と武蔵国の北半分（賀美・秩父・那珂・榛沢・男衾の六郡）の治安強化を図った。幕府は、旗本領・大名の飛び地領について、年貢と百姓相続以外の裁判や訴願などを幕府領と同様に岩鼻陣屋で扱うことにした（『幕末御触書集成』一八〇〇。『新編埼玉県史』資料編7。高橋実『幕末維新期の政治社会構造』）。

このように幕府は、関東地方について支配領域（飛び地領以外の大名領を除く）を越えた統一的な行政の実現を図ったのである。これは、〔関東取締出役―改革組合村〕の仕組みにより関東地方の治安を維持しようとした、文政一〇年（一八二七）の文政改革の行詰りを打開する策だった。

さらに幕府は慶応三年（一八六七）正月、関東郡代の木村飛驒守勝教と河津伊豆守祐邦の二名を、新設の勘定奉行並在方掛に任命し、同年二月に関東郡代を廃止した。これが、関東在方掛の設置である。河津は、下総国相馬郡布佐村（千葉県我孫子市）の陣屋（開設は慶応四年正月）に在陣して安房国・上総国・下総国・常陸国を支配国とし、木村は岩鼻陣屋に在陣し、上野国・下野国・武蔵国を支配国として管轄した。このように幕府は慶応三年になると、勘定所に新たに勘定奉行並在方掛を設け、代官や関東郡代ではなく勘定所が関東地方を直轄して支配を強化しようとした。

そして慶応三年一〇月、武蔵国埼玉郡町場村（埼玉県羽生市）に陣屋（完成は慶応四年二月）を新設して勘定奉行並在方掛の木村勝教を在陣させ、下野国と武蔵国比企郡・大里郡・幡羅郡・横見郡、および埼玉郡のうち行田町（埼玉県行田市）・町場村・加須町（埼玉県加須市）を寄場とする改革組合村を支配させた（『新編埼玉県史』資料編17）。町場村は、古河道や館林道など脇往還が交差する交通の要地で、六斎市の開かれる市町だった。

ついで幕府は慶応三年一一月、岩鼻陣屋・町場村陣屋に続いて関東在方掛八王子宿陣屋を新設し、武蔵国西南部から相模国北部の支配を強化しようとした。支配が錯綜し統一的な支配行政が貫徹しない関東地方に対して、幕府は関東取締出役の設置、改革組合村の編成、関東郡代の再設置などの対応をしてきたが、慶応三年の緊迫した政治情勢のなかで、幕府勘定所による統一的な支配行政の実現を図ったのが、一連の関東在方掛陣屋の設置だった。

八王子宿陣屋計画

慶応三年（一八六七）一一月二〇日、勘定頭取格組頭の斉藤辰吉、勘定組頭在方掛の馬場俊蔵、関東取締出役の吉田鄰助らが八王子宿にやってきて、日野宿（日野市）名主の佐藤彦五郎と上布田宿（調布市）名主の惣兵衛を招き、陣屋設置を説明した。設置場所について意見を求められた彦五郎らは、八王子宿がふさわしいと回答している。さらに、八王子宿近辺の篤実な村役人の名を尋ねられ、福生村（福生市）名主の十兵衛と小野路村（町田市）元名主の小島鹿之助の名をあげると、所業の悪い道案内人（目明に類似した関東取締出役の手先）について相談し意見を出すように命じられた（『佐藤彦五郎日記』二）。

また一一月二二日には、所沢村（埼玉県所沢市）組頭の八右衛門と蔵敷村（東大和市）名主の杢左衛門が呼ばれ、①八王子宿に勘定所の陣屋を設置すること、②陣屋は一九の改革組合村の訴訟や刑事事件などを処理すること、③勘定奉行在方掛の小栗上野介忠順が出張してくること、④組合村高帳・絵図を差し出すこと、などを申し渡された。一九の改革組合村とは、所沢組合・扇町谷組合・飯能組合・直竹組合・毛呂本郷組合・越生今市組合・青梅組合・氷川組合・檜原組合・五日市組合・拝島組合・駒木野小仏宿組合・八王子宿組合・日野宿組合・府中宿組合・小野路組合・木曾組合（以上武蔵国）、津久井県の中野組合・日連組合（以上相模国。神奈川県相模原市）である。

八王子宿に新設される勘定所の八王子宿陣屋は、武蔵国西南部から相模国北部におよぶ広域の訴訟・訴願と刑事事件を管轄する役所だった。八王子宿陣屋は代官所ではなく、町場村陣屋と同じく勘定所の業務を担う出先機関で、幕府領のみならず旗本領などの訴訟や訴願、刑事事件などを扱うのである。なお、年貢などは、幕府領ならば支配代官、旗本知行所なら旗本へ納入することになる（『里正日誌』九）。一一月二三日に一八の寄場役人惣代が八王子宿に呼ばれ、陣屋設置の主旨を申し渡された（『佐藤彦五郎日記』二）。

陣屋新設について江川代官手代の柏木捴蔵から意見を求められた福生村名主の田村十兵衛は、設置場所として青梅（青梅市）、五日市・伊奈（あきる野市）をあげたらしいが、柏木捴蔵は、多摩西北部に「片寄りすぎ」と同意しなかった。

小野路村元名主の小島鹿之助は、八王子宿陣屋新設の利害得失について勘定所役人から意見を求められた。勘定頭取格組頭の斉藤辰吉と勘定組頭の馬場俊蔵にあてた一一月付意見書の中で、八王子宿に陣屋を設置することは、地形と交通上の位置、市が立ち「諸品輻輳の街」であること、千人隊（八王子千人同心が改称）の存在、駒木野関所防備に「緊要の地理」という理由から賛成したうえで、つぎの五点を提言した。

①設置予定場所は八王子横山宿より、小門宿と上野原宿の境にある大久保石見守長安陣屋跡（三〇〇間四方、三町歩＝九〇〇〇坪という）か片倉村の大江備中守師近の古城跡（片倉城跡）がふさわしい。

②八王子宿役人は、公儀を二の次にして自己の利益を追求し、御用向きを軽視する悪習があるので一新する必要がある。

③陣屋周辺四、五里四方（約一六～二〇キロ）を上知し、統一的行政を実現すべきである。

④陣屋と多摩を防備する農兵取立のため、村役人か富裕者を世話役として、「気質正直」の百姓に農間に武芸の稽古を許すべきである。

⑤陣屋付き村々の名主には、「正義廉直」「忠義情実」の者を抜擢すべきである。

これは、八王子宿陣屋を核とした多摩の防備・治安維持策の提言である。また小島鹿之助は、八王子宿と周辺の村々で囁かれたつぎのような噂も書き上げている。

①八王子宿役人は仕事が増えて困ると表向き言っているが、江戸時代初期の一八代官在陣時代に復古するので内心喜んでいる者が多い。

②茶屋や旅籠屋、それに諸商人らは、陣屋役人が在住し、陣屋へ御用や訴訟・訴願のため他地域からたくさん人が来るので、商売上の利益が増えると大喜びしている。

③農業が主の百姓たちは、陣屋ができると夫役が増えて農業の妨げになるが、訴訟や訴願に江戸まで行かなくてよくなり手間が省ける。

④陣屋敷地になる土地の地主たちの中には、一反二〇両余の地価の土地を安く買い上げられると苦情を述べる者もいる。

⑤いまも八王子宿に頻繁に外国人がやって来るが、陣屋ができるとなおさら多くなり、外国人とのもめ事が起こる危険性が高くなる。

陣屋設置に八王子宿役人や諸商売人たちは大喜びし、農業中心の者は利害得失が半ばしている、というところらしい。生々しい思惑が交錯していて、おもしろい。

武蔵・相模一三五か村の反対

ところが、八王子宿組合以外の寄場組合、武蔵国から相模国にわたる一三五か村は、この八王子宿陣屋設置に猛反対した。現八王子市域の駒木野・小仏宿組合も反対側に立ち、小田原宿（神奈川県小田原市）までが加わっている。日野宿、五日市村（あきる野市）、蔵敷村、寸沢嵐（すあらし）村（神奈川県相模原市）、福生村、四ッ谷村（府中市）、小田原宿、新町村（青梅市）などの名主は慶応三年（一八六七）一二月一一日、勘定奉行以下八王子宿陣屋新設担当の役人の屋敷へ、手分けして駆込訴（かけこみうったえ）を敢行した（以下『里正日誌』九）。

村々の反対理由は、つぎの点である。

①江川代官のもとで公事（くじ）訴訟がなくなるほど安穏に暮らしているので支配替えは不安である。

②江川代官のもとで農兵が取り立てられ武州一揆鎮圧にも役立ったが、支配替えになるとどうなるか不安である。

③陣屋が設置される八王子宿は五街道でも稀なほど繁昌の宿で、開港以来ますます繁栄して物価は江戸より高いので、御用を果たすため村役人たちが陣屋に詰めることも多くなり、滞在費用など諸雑費の負担が重くなる。

反対の主旨は現状変更への不安であり、江川代官支配の継続を求めるものだった。

松村忠四郎代官支配の府中宿組合二二か村は慶応三年一二月一五日、八王子宿陣屋設置に反対する嘆願書を勘定奉行に提出した。一番の論点は、年貢は従来通り江戸の支配代官役所に納め、訴訟・訴願その他は八王子宿陣屋が扱うという点だった。年貢は江戸、訴訟・訴願などは八王子宿というのは煩雑だと訴え、現状維持を求めている。

現状変更への不安は、慶応元年の代官支配替え反対運動でもすでに示されていた。江川代官からの支配替えに反対する田無村（西東京市）組合三一か村は、慶応元年三月二八日、関東郡代を兼ねる勘定奉行の松平正之、勘定吟味役の岡田安房守忠養の両名に駕籠訴した。それは、田無村組合として村々がまとまって治安維持などに協力してきたこと、農兵取立に取り組んでいる最中であることなどをあげ、支配替えにより組合村が分断されると、これまでの協力態勢がうまくゆかなくなる不安を理由に、江川代官支配の継続を訴えたのである。同年四月六日には、蔵敷村など一三か村も、江川代官手代の根本慎蔵とも相談したうえ、支配替えに反対して勘定奉行の松平備中守康正、同松平正之、勘定吟味役の岡田忠養、勘定組頭の星野成美の四名に、駕籠訴ではなく屋敷に張訴（訴状をひそかに門などへ貼ること）した（『里正日誌』九）。

改革組合村が地域の治安維持や安定に役立っている、という現状の認識があり、江川代官所の後押しもあり変更への不安を反対の大きな理由にあげている。

幕府は、後述する慶応二年の八王子宿生糸・蚕種紙改所とともに、八王子宿に勘定所の陣屋を設置することにより、多摩のみならず、武蔵国南部・相模国北部地域支配のための政治・軍事・経済の拠点を八王子宿に造ろうとしたのである。しかし、まもなく江戸幕府自体が崩壊したことから、この八王子宿陣屋が実現することはなかった。

多摩住民の気質の差

多摩の住民といっても、人びとの気質は一様ではない。小野路村の小島鹿之助はさきの意見書の中で、これまで見聞きしてきた八王子宿役人の「風習」「風儀」について、御用向きを軽率に心得、公儀よりも私欲を先にする「悪習」があり、今後、公儀を重んじて私欲を恥じ、「質素朴実」の風習に引き戻すならば、周辺村々の役人たちもこれを見習って「素朴の風儀」になるだろう、と書いていた。つまり八王子宿役人（およびそれを見習う周辺村々の役人）は私的な利益を優先させると批判されているのだが、これは言い換えれば「商人的気質」ともいえるだろう。剣術稽古がさかんで、やや「武張った」感じのあった日野宿周辺、あるいは小野路村周辺の村役人と比較すると、八王子宿と周辺村役人の「商人的気質」は一つの特徴ということもできるのではないか。日野宿名主の佐藤彦五郎は近藤勇らと親しく、慶応四年の官軍と戦った勝(かっ)沼(ぬま)（山梨県甲州市）戦争にあたっては、農兵を率いて加わろうとしていたほどである。八王子宿役人の中に、剣術稽古を熱心にした者がいるのかどうかははっきりしない。

八王子宿組合農兵の組織や活動に関する史料が乏しく、日野宿組合の農兵などと比べるとはっきりしない。慶応二年の武州一揆や慶応三年の壺伊勢屋事件の際も、江川代官手代に率いられた日野宿農兵の「活躍」に較べて、八王子宿農兵が具体的に何をしたのかよくわからない。ただし、八王子宿住民の農兵献金額は、他より格段に多い。

壺伊勢屋事件の際、薩摩藩浪士らを討ち取るため、日野宿名主の佐藤彦五郎とともに日野宿農兵を率いてきた江川代官手代の増山健次郎が、八王子宿年寄を呼び出して事の次第を説明すると、宿年寄はびっくりし、八王子宿での討取りを見合わせてくれといって納得しなかった（「何分不伏(ふふく)」）という。増山らは時を逸するのを恐れ、八王子宿役人に掛け合うのをやめ（「宿役人捨置(すておき)」）討取りを実行したという（『里正日誌』十）。この事件での八王子宿役人の対応は、八王子宿で騒動を起こすのは不利益、という判断を優先させたのだろう。

市や商業の発達した八王子宿の宿役人らは、日野宿の佐藤彦五郎や小野路村の小島鹿之助らと比較して「商人的気質」が強かったと考えられ、それが八王子宿や周辺農村の住民の気質の特徴ということができるのではないか。

開港と地域社会の変容

開港と経済変動

米価高騰を物ともしない百姓

安政六年（一八五九）六月から始まった横浜・長崎・箱館の三港での自由貿易は、全国的にさまざまな面で重大な変化を引き起こした。横浜に近い多摩も同様だった。それは、第一に米価など諸物価の高騰であり、第二に急拡大した生糸輸出による養蚕・生糸産業の活況であった。

そのなかで、上恩方村の口留番所の関守で名主も務めた尾崎次郎右衛門は、日記（『尾崎日記』四）の慶応元年（一八六五）閏五月末の条に、つぎのような注目すべきことを書いている。

天保五年（一八三四）は大飢饉でひどく難儀した。今年（慶応元年）の方がその時より穀物の値段は高いが、売り物もあり銭を稼ぐことも多くできるので、高い値段を気にせず（「何とも思はず」）米を買っている。天保八年には、前の年の天保七年のうちからところ（野老）を掘り、かずら（葛）も掘って食事にした。その時は、郡内（甲州都留郡）辺へふすま（小麦を粉に挽いた時に残る皮の屑）がたくさん運ばれた。乞食や非人などの食べ物の乏しい者や、道路に行き倒れて死んだ者がたくさんいた。しかし、今年はそのようなことはまったくない。何でもかんでもみな値段が高い。

慶応元年の米穀の値段は天保の大飢饉の時より高いが、「売り物」があり「銭を稼ぐ」ので、何とも思わず高い米を買って暮らしているという。また、野郎（ヤマノイモ科の多年草。根茎が食用だが苦みがあり、江戸時代後期には食べなくなっていた）や葛を掘って食べることもなく、食べ物がなくて飢え死にする者も見かけない、ともいう。

天保七年（一八三六）一二月四日の八王子宿穀物相場は、白米が一両で二斗八升、銭一〇〇文で米四合、天保八年三月一八日は、白米が一両で二斗一升、銭一〇〇文で米三合五勺、天保八年には餓死者が多数いたと記されている（『尾崎日記』一）。なお、天保七年の盆の後は、白米が一両で四斗二升、同年一二月は二斗五升、天保八年春は玄米が一両で二斗から一斗八升、小売では白米が銭一〇〇文で三合と記録する史料もあり、上恩方村では天保七年一二月から翌年四月までの間に二一人が餓死したという。

ちなみに、慶応元年閏五月三〇日の穀物相場は、玄米（白米の方が少し高くなる）は一両で一斗八升から一斗九升、九月一三日は、白米は一両で一斗七升、たしかに天保七年末や天保八年三月末の米価よりかなり高い。にもかかわらず、何とも思わず米を買って食べているという。

山間の上恩方村は、畑作とともに養蚕・織物および山稼ぎ、とくに薪炭（しんたん）生産のさかんな村である。「売り物」とは生糸や炭などであり、「銭を稼ぐ」とは日用（ひよう）（日雇い）の賃稼（ちんかせ）ぎのことだろう。生糸や炭の価格および日用賃金が上昇したので、高騰した米穀を買って暮らすことができたということである。日記の記主の尾崎次郎右衛門は慶応元年三月九日、「手前の糸」（自身の手元にある生糸）四貫二二七匁を一両に四八匁の価格で売り、代金八八両一朱を手にした（『尾崎日記』四）。生糸の売却は、多額の収入を尾崎家にもたらした。

日用賃金も、慶応元年閏五月末に、前々は上日用（ひよう）銭二〇〇文（日当賃金）、下日用銭一五〇文くらいが相場だったが、いまは銭六〇〇文という（同前）。つまり、日用賃金も三〜四倍に上昇した。なお、一年契約の年季奉公人の給金は、一二両と記されている。三、四両が相場だったので、これも約三〜四倍に上昇した。米穀価格の上昇より少し低い。

表4　『尾崎日記』にみる炭価格の変遷

年　月　日	上　　炭	中　炭	栗　炭
天保10・ 12・29	1分と3~400文(10俵)		
13・春	1分と6~700文(10俵)		
嘉永 6・末	1分と1~200文(10俵)		
文久 2・ 12・29	2分3朱(5貫目入り6俵)	2分	1分
3・　9・29	2分3朱(大俵1駄6貫目入)	2分	1分2朱
元治元・　2・29	2分2朱(1駄)		
元・　4・25	3分1朱(1駄)	2分	1分2朱
元・　9・30	3分(1駄)	2分	1分2朱
元・ 11・30	3分2朱(6俵1駄5貫目程)	2分2朱	
慶応元・　4・18	3分2朱(6俵)		1分2朱
元・閏5・30	3分2朱(1駄6俵)	2分2朱	1分2～3朱

炭価格の上昇

生糸価格の高騰のことは後で詳細にみるので、ここでは炭について紹介しておこう。表4は、『尾崎日記』から炭の価格の変遷を抜き出したものである。

炭は、品質により上炭・中炭・栗炭の三等級があった。なお、表4の炭価格は、炭の量が同じなのかはっきりしないところがある。上恩方村が文化五年（一八〇八）、幕府から御林山（おばやしやま）の木による御用炭の焼き出しを命じられた時は、一俵六貫目（約二二・五キログラム）入り、二五俵で一両という価格だった。ただし、かなり安く請け負わされたらしい。表4によると、一俵六貫目入りは大俵だった。

天保一〇年（一八三九）は、「世間一統せからよろしく」という年で、穀物価格は下がり、生糸は「稀なる高直」で柏木の皮（染料）は「格別の高直」といい、そして炭は「上物は拾俵一分ト三、四百文も致し候」とあるので、炭値段も良い方だったらしい。表4の天保一三年は春の価格で、これが年末には銭一貫五、六〇〇文（この時の銭相場は一両に銭六貫五〇〇文なので、約金一分に相当）へ下落し、さらに生糸や織物の価格の下落も加わり「山方は甚だ詰まり」（山村は窮乏した）になったという。嘉永六年（一八五三）の価格は「まれなる下直」、文久二年（一八六二）は「いたって高直」と記されている。表4の炭価格の基準となる重量を同じものとすると、炭一駄は一分と銭三〇〇文程度が平均的な価格で、文久二、三年に二倍、慶応元年（一八六五）には三倍に高騰したと推定できる。

八王子横山宿名主が安政五年（一八五八）八月、炭の売買・流通について関東取締出役の吉岡静助の問合せに答えている。相模国津久井県（神奈川県相模原市）と駒木野宿・小仏宿組合の村々で生産された炭を八王子宿の炭商人が仕入れ、それを日野宿組合と谷保村（国立市）から染屋村（府中市）あたりの馬持ちが買い取って江戸へ運び、江戸の炭問屋に口銭（売買を仲介した手数料）を払うことなく八王子炭の名称で小売販売しているという。なお、五日市・青梅・飯能あたりからもかなりの量の炭が江戸売りされていたが、これらも八王子炭の名称で売られたらしい。

生糸は、武蔵・相模の各地で生産されても、八王子宿の市に集荷され横浜へ運ばれると八王子糸と称された。青梅の石灰と同様に、炭なども生産地にかかわらず八王子の地名が付けられているのは、かなり広域の八王子市場圏が成立していたことを示すものである。

以上のように開港以降、現八王子市域では、米や諸物価は高騰したが、米以外の穀物価格も上昇し、生糸や炭の価格、さらに日用賃金も上昇したことが明らかになった。だから、尾崎次郎右衛門が言うように、高騰した米を何とも思わず買って暮らしている人びともいたのである。しかし、穀物を売る農家や年貢米を売る領主たちには願ってもない米価だが、生糸輸出に直接に関係のない買喰層（米穀を購入して暮らしている人びと）にとっては厳しい米価であったことも疑いない。地域住民の経済格差は拡大し、深刻な矛盾を抱え込むことになる。しかも、養蚕は気候次第、生糸価格は国内政治と世界経済の変動の波をかぶるため、地域社会を不安定なものにした。

金回りの良さ

米価が高いにもかかわらず生活が成り立っているという見方は、上恩方村尾崎次郎右衛門に限られない。上野国那波郡連取村（群馬県伊勢崎

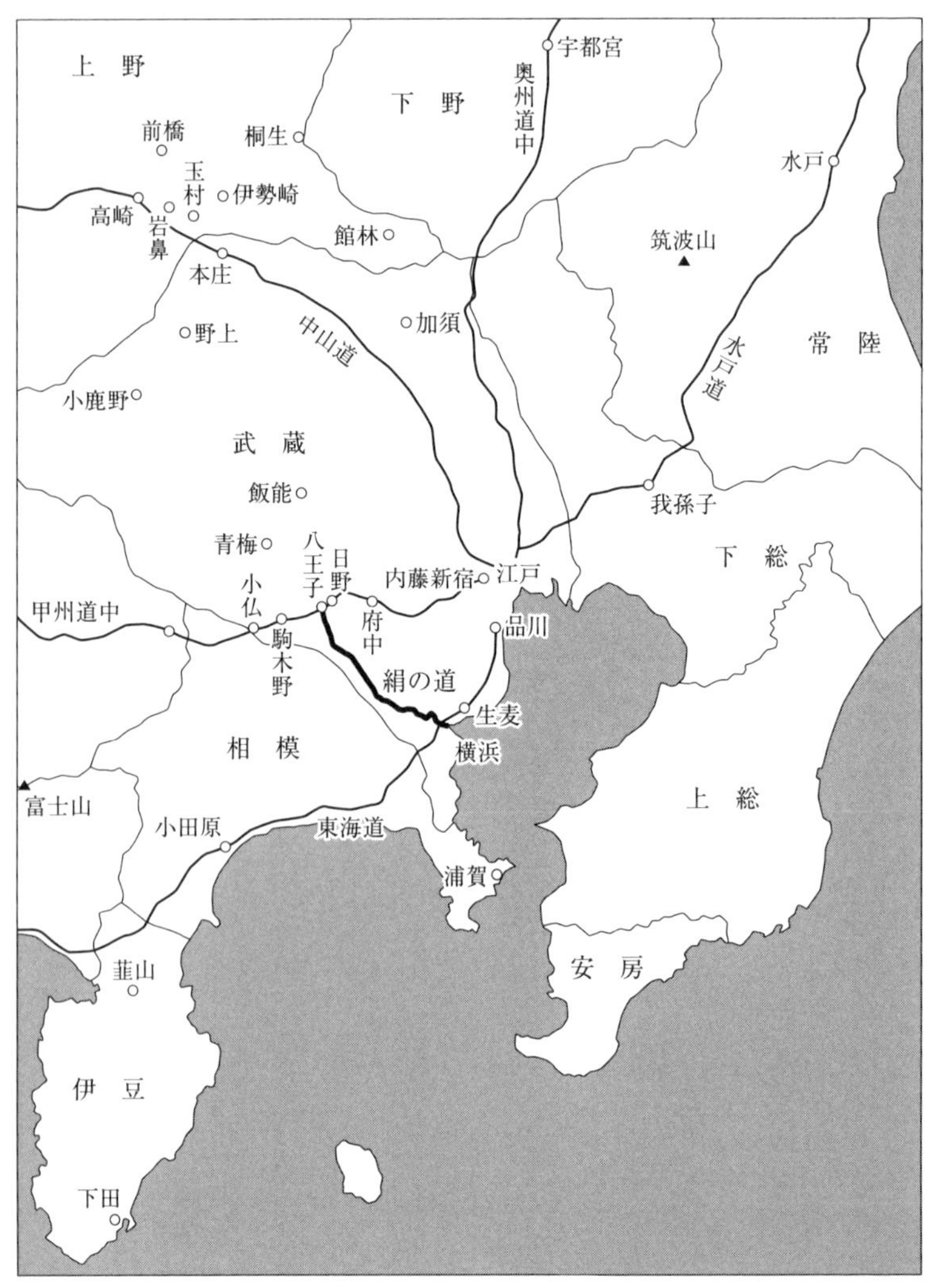

図10　関東および伊豆関連地図

市）の森村新蔵「享和以来新聞記」によれば、慶応二年は、天明三年（一七八三）の浅間山大噴火による大飢饉で餓死者がたくさん出た年より米価が高いにもかかわらず、職人の賃金や手間賃、飛脚賃銭、日用賃金も高いため融通（金回り）が良く、貧民でも差し支えることはないという。ちなみに、天明三年は米が一両に一斗六升、麦が五斗五、六升、慶応二年は米が一両に八、九升、麦が一斗五、六升だったという（落合延孝「武州一揆の史料紹介」、同「幕末を生きた地方役人の歴史体験と歴史意識」など）。

上州岩鼻陣屋（群馬県高崎市）の役人は慶応二年七月五日、天保の飢饉の際は道路に餓死者がたくさんいたが、いまはそのような者は一人もいない、それは、諸物価は高いが売る品も高く売れるからだ、と改革組合村惣代らに申し渡したという（坂本達彦「慶応二年生糸運上徴収実施と改革組合村惣代層」）。

幕府は、開港による生糸輸出の活況により、養蚕・生糸生産地帯の甲斐・信濃・奥羽・北関東地域では「僻土の貧民」までが潤い、一時に富を蓄積した者が少なからずいる、養蚕や茶栽培のある山方は「一統有福」とみていた（斉藤修・谷本雅之「在来産業の再編成」）。また、幕府は慶応三年五月、幕府領からの兵賦を止め、高一〇〇石につき三両の割合で代金納を命じた際、村々が負担を減らすため不作のときに免除を求めるだろうと予測し、五分以上の不作でも免除を認めないと命じた。その理由に、米穀はもとより、四木三草をはじめとする土地の生産物の利潤が少なくないことをあげている。穀物価格の上昇、生糸価格の高騰を念頭に置いていることは明らかである。幕府は、国恩冥加金、御進発献金、農兵献金などさまざまな負担を幕府領村々へ繰り返し課してきたが、その前提に、開港以降であれば幕府領村々が潤っているとの認識が前提にあったことも考えられる。

貿易開始による生糸輸出がもたらした経済の好循環により、山間村落も金回りが良くなったのである。開港・貿易開始により物価が高騰し、民衆が困窮という単純な図式ではなく、開港・貿易が米価の高騰を物ともしない状況も生み出していた。にもかかわらず、慶応二年六月に武州一揆が起こり、同じような一揆がどこで起こってもおかしくない状況が広くみられた。幕末維新期の地域を正確に理解するには、たんに民衆の貧窮化を強調するのではなく、この状況も組み込んで考えるのが重要である。

福澤諭吉の説

全国的な金回りの良さを説明したのが福澤諭吉である。諸物価の高騰が人びとの暮らしを直撃した状態を、当時の人びとは「諸色高直諸人難儀」と表現した。しかし福澤諭吉は、開港後の日本経済の変化を、貿易が始まって数年後の文久年間（一八六一～六四）に執筆した「唐人往来」（『福澤諭吉選集』第1巻）の中で論じた。その中で、諸物価が高騰して人びとが苦しんでいる、というのは空言だと批判する。世間では、貿易が始まってから外国が無用の品をもってきて日本の有用の物と交換するので、国内の品物がだんだん少なくなり、その結果、「諸色高直諸人難儀」になったという説が流布しているが、これは道理を知らない人が勝手に言い触らしている空言だと断じる。貿易とは、余っている物を不足している物と取り替えているだけのことだという。

品物が値上がりしたのではなく、貨幣改鋳によって金貨の価値が下がったのであり、昔の一両の品物は現在は三両か四両に相当し、物価が高いから日用（日傭）の賃金も上昇し、武家が売り出す年貢米も同じ割合で高くなっているので誰も困るわけがない、と主張する。それどころか、貿易が始まってから日本中で金回りが良くなり、難儀する者が減っているではないかと指摘し、その証拠をあげる。

最近は奉公人が少なく、街道筋の雲助（駕籠や荷物運送の労働に従事した人びと）も減っているのは、もっと良い稼ぎ口ができたからだ、という。さらに、一〇万石の東北大名領の変化をあげる。領内からの生糸販売が増加し、その額は一年で九〇万両にものぼり、人口一〇万人として一年に一人九両の金を得る計算になり、莫大な利益になった。その領内では、われもわれもと養蚕に励むため奉公に出る者などいなくなり、誰もが暮らし向きが良くなって、家の建築をしたり着物を買ったり、麦飯をやめ米飯を食べるようになった。そのため米も魚も高くなって、百姓も漁師も大工も左官も金回りが良くなり、国中の暮らし向きが良くなった、という。開港による生糸輸出を起点として、まさに経済の好循環が生まれたおかげだというのである。

この状況は東北のある大名領だけではなく日本中が同じで、生糸のできないところは綿をつくり、綿のできないところは菜種をつくり、輸出品ではない米や麦も国中の金回りが良いためよく売れ、百姓も職人も仕事に追われるほど忙しくなった。貿易が始まり世間一般の利益になった。貿易がもたらした幕末日本経済の変動の一面について、分かりやすくかつ鋭いがやや楽観的である。福澤は、文久年間の状況を論じているので、慶応年間（一八六五～六八）でも同じだったかは留保したい。

八王子宿の繁栄

貿易の開始と発展は、各地の生産と流通に大きな変化をもたらし、多摩では八王子宿の繁栄が顕著だった。

すでに説明した武蔵国・相模国にまたがる一三五か村が慶応三年（一八六七）一二月、八王子宿陣屋設置に反対する駆込訴（かけこみうったえ）をした際の嘆願書に、八王子宿は横浜開港以来とくにますます繁栄し、もともと高かった物価が江戸より高くなったと書かれていた。武蔵国・相模国・甲斐国の一部から大量の生糸が八王子宿の市（月六回）に持ち込まれて取引され、八王子糸として横浜から輸出されていったため、八王子宿とその周辺に多額の金が落ちてますます繁栄したらしい。八王子宿周辺では、養蚕・生糸の急速な発展により富を蓄える地域と、横浜からの生糸輸出により富を蓄積する商人が現れた。これは、開港・貿易がもたらした多摩の新たな歴史の始まりでもあった。

つぎに多摩における物価高騰の現実、ついで養蚕・生糸生産の活況の順に話を進めよう。

異常な物価高騰

八王子宿の米価動向

全国的な物価指数は、安政元年（一八五四）から三年の物価を一〇〇とすると、万延元年（一八六〇）が一四七、慶応元年（一八六五）が二六七、そして翌慶応二年に四二二である。幕末の物価は、万延元年と慶応二年の二段階で急騰した。その原因は、万延元年からの幕府の貨幣改鋳と慶応期の諸藩による藩札の大量発行にある（山本有造「明治維新期の財政と通貨」）。幕末の多摩の政治・社会・経済の動向を考えるには、物価高騰という一般論ではなく、多摩の微視的な物価の推移を見る必要がある。八王子宿周辺を例にとって見てみよう。

山崎隆三『近世物価史研究』により、八王子八日市宿の米価を見てみよう。同書は、

『八王子市史』下巻掲載の米価の変遷を、米一石が金何両になるかに換算している。天明四年（一七八四）の米一石＝二・七八両、同七年の三・一二両、天保五年（一八三四）の二・五両、同七年の四・五四両、同八年の四両は、江戸時代有数の大飢饉である天明と天保の飢饉のピーク時の米価である。

開港直前の安政五年から米価は一石＝金二両台になり、以降それを下まわることはなかった。文久元年（一八六一）に三・三両に急騰、慶応元年に三・一両、同二年に五・八八二両、同三年に一一・一両に高騰している。とくに慶応年間（一八六五〜六八）は、天明・天保の飢饉のピーク時より米価は高かった。つまり慶応年間の八王子宿周辺の住民は、大飢饉時よりも激しい米価の高騰に見舞われたのである。

八王子宿の穀物相場

つぎに、幕末の八王子宿における穀物相場の変遷を、『近世物価史研究』とは違う二つの史料から見てみよう。ほぼ同じ時をとっても、二つの史料の穀物価格に差異があるので別個に表5・6として掲げた。

表5は、安政三年（一八五六）〜文久元年（一八六一）までの、八王子横山宿の米問屋が江川代官に報告した、横山宿の一四日市（横山宿は四の日に市が立つ）における玄米と大麦の価格である。数字は一両で買える米と大麦の量を示し、単位は石である。ともに上中

表５　安政3年～文久元年の八王子宿米・大麦価格の変遷 (単位:石)

年　月　日	玄米上	玄米中	玄米下	大麦上	大麦中	大麦下
安政 3・正・14	0.67	0.69	0.71	1.7	1.8	1.9
3・ 5・ 3	0.67	0.68	0.7			
4・正・14	0.66	0.68	0.7	1.7	1.8	2.0
4・ 4・14	0.64	0.66	0.68	1.7	1.8	1.9
5・ 4・14	0.47	0.48	0.51	1.4	1.5	1.6
5・ 7・14	0.45	0.47	0.49	1.1	1.2	1.3
5・10・14	0.56	0.58	0.6	1.15	1.25	1.4
6・10・14	0.46	0.48	0.5	1.05	1.15	1.25
万延元・ 4・14	0.42	0.44	0.46	1.0	1.1	1.2
元・ 7・14	0.41	0.42	0.44	1.0	1.1	1.2
元・ 9・22	0.42	0.43	0.45			
元・10・14	0.42	0.43	0.45	0.8	0.85	0,9
文久元・ 7・14	0.295	0.3	0.31	0.65	0.7	0.75
元・10・14	0.48	0.5	0.52	0.9	0.95	1.0

出典　「御用留」(成内家文書).

表６　嘉永3年～慶応3年の八王子宿穀物相場の変遷（単位：石）

年　月　日	玄米	大麦	小麦	粟
嘉永 3・正・ 6	0.6	1.6~1.7	0.9	1.5
7・29	0.41		1.04~1.05	
11・22	0.45	1.1	0.85	1.0
嘉永 4・ 2・30	0.44	1.3	0.95	1.05
4・28	0.44	1.2	0.95	1.0
12・30	0.68			1.1
嘉永 5・ 7・ 9	0.66		0.9	1.1
10・ 6	0.56	1.1		0.95
12・29	0.55~0.56			0.85
嘉永 6・ 4・14	0.55~0.56			0.95
7・12	0.48~0.49	1.2	0.94~0.95	
8・28	0.5(0.55)		0.9	0.9
10・30	0.63			1.02
12・30	0.72~0.73			
安政 2・ 8・17	0.63			1.5~16
12・29	0.7			
安政 3・ 8・11	0.63~0.64	1.9	0.94~0.95	1.4
安政 4・元・29	0.64~0.65		0.85~0.86	1.3
6・28	0.5	1.4		1.1
9・24	0.55	1.3~1.4		1.1
12・ 4	0.51~0.52	1.2		1.1~1.2
安政 5・ 3・29	0.47~0.48	1.2~1.3	0.9	0.96~0.97
6・29	0.44~0.45		0.8	0.8
7・29	0.44~0.45	1.1	0.8	
9・30	0.54~0.55			
10・29	0.55~0.56	1.05	0.85~0.86	0.85~0.86
12・30	0.52~0.53	0.8	0.82~0.83	0.8
安政 6・ 2・29	0.48~0.49	1.0	0.77~0.78	0.75
4・29	0.47			
5・29	0.47			
6・30	0.52			
9・19	0.42			
12・30	0.41			0.8
文久元・正・29	0.32~0.33	0.65	0.44~0.45	0.51~0.52
3・30	0.31~0.32	0.62~0.63	0.5	0.51
5・30	0.31~0.32	0.6	0.5	
6・30	0.3	0.6	0.48	0.5

文久 2・ 3・30	0.43~0.44	0.9		0.85
8・22	0.48	1.2	0.65	1.0
10・12	0.42~0.43	0.9		0.82~0.83
12・29	0.38			0.75
文久 3・ 4・20	0.37	1.1~1.2		1.0
9・29	0.4	1.1		0.9
元治元・ 2・29	0.38			0.9
3・30	0.41~0.42			
4・25	0.43~0.44	1.2		1.1
6・29	0.42~0.43		0.6	1.0
9・30	0.4			0.8
10・29	(0.28)		0.55	0.75
11・30	0.32~0.33	0.9	0.52~0.53	0.7
慶応元・ 4・18	0.27	0.9	0.5	0.8
閏5・10	0.21	0.7	0.43	0.6
閏5・30	0.18~0.19	0.55	0.38~0.39	0.48~0.49
6・24	0.18	0.5	0.33	0.4
9・13	0.2 (0.17)			0.46
9・23	0.16		0.32	0.4
慶応 2・ 4・24	0.154	0.4		0.3
6・21 ＊1	(0.11)			
6・29	0.115			
7・22	0.126	0.37		0.22
7・30	0.12	0.37	0.26	0.25
8・18	0.1	0.27		0.2
9・15	(0.09)	0.2	0.19	0.12
10・ 2 ＊2	(0.08)			0.19
11・30	(0.09)	0.18	0.17	0.16
12・30	0.1	0.17	0.165	0.155
慶応 3・正・29	(0.08)	0.13~0.14	0.12~0.13	0.12~0.13
3・ 9	(0.085)	0.18	0.15	0.14~0.15
春 ＊3	(0.085)			
7・13	0.11(0.095)	0.35	0.21	
8・30	0.125	0.35	0.21	
9・29	0.14	0.35	0.2	0.25

出典 『尾崎日記』.
注1 ( ) 内の数字は白米.
2 ＊1・2は『石川日記』十二, ＊3は沢井元泰「世事見聞誌」.

下の等級に分けられている。

表6をみると、米（玄米・白米）のみならず、大麦・小麦・粟価格の開港以降の高騰ぶりは、説明する必要がないほどである。なお、嘉永六年（一八五三）七月に米価が高くなった理由は、同年六月にペリーが来航して「人気騒ぎ立て米価踊り」（『鈴木平九郎公私日記』四）という事態だろう。

また、ペリーが再来航した嘉永七年正月、江戸の米相場は一両につき一斗上がって六斗五升、八王子宿は六斗二、三升という（同前）。江戸より八王子宿の方が高い。幕府は同年二月、穀物商らによる米の買占めや売惜しみを禁じ、できるだけ多くの米を江戸へ送るよう命じた（同前）。農業、とくに穀物生産を止めた者や、畑作が主力の地域は米を買って生活するいわゆる買喰層が多いので、彼らには厳しい米価である。

しかし、穀物価格の高騰がすぐに住民全体の生活苦につながるわけではない。たとえば、米や大麦・小麦などの穀物生産農家、養蚕や製糸農家、炭など山稼ぎ農家などにとっては、穀物や繭、生糸、炭などの商品の価格上昇は収入増になるからである。

穀物以外の諸物価

ここで、穀物以外の物価を紹介しておこう。穀物類と異なり年を追って統計的に示すことが難しいので、いくつかを羅列的にあげておこう。

つぎは、上恩方村の尾崎次郎右衛門の日記（『尾崎日記』四）から抜き出したものである。

元治元年　四月二五日　水油金一分に一升四合
　一〇月二九日　水油金一分に一升五合
　一一月三〇日　くつ一足銭八〇文　わらじ一足銭六〇～七〇文
慶応元年閏五月末　髪結銭三六文　二八そば銭三八文
慶応二年　九月一五日　水油一升金三朱（金一分に一升三合余に相当）
　一一月三〇日　醤油一升銭五〇〇文
　一二月三〇日　水油一升一貫六〇〇文（金一両に銭八五〇〇文〈慶応三年七月一三日相場〉とすると約一升が三朱に相当）、手拭一筋銭三〇〇文から　白足袋一足銭八〇〇文（紺はやや高値）　くわ一丁金一分二朱
慶応四年　六月一九日　髪結銭一二四文　湯銭五〇文　鰯干物五枚銭五〇〇文　沢庵大根一本銭二二四文
　七月　四日　髪結銭一六四文　湯銭五〇文　沢庵一本銭四〇〇文　大根一本

銭二〇〇文　茄子三つ銭一〇〇文　キュウリ一本銭一〇〇文

つぎに、上椚田村在住の千人同心石川喜兵衛の日記（『石川日記』十二）から、慶応二年（一八六六）一〇月頃の穀物以外の物価を紹介しよう。

酒一升上物銭一貫二〇〇文　酒一升下物二朱　豆腐一丁銭八〇文　手拭一筋金一朱醤油一樽銀二三匁　髪結銭四八文

つぎは、高月村の沢井元泰「世事見聞誌」に記された、慶応三年春の穀物以外の物価の状況である。

小豆は白米と同じ（一両で八升五合）　酒一升銭二貫文　豆腐一丁銭七二文　酢一合銭七二文　草鞋銭七二文　藁草履六四文　醤油一樽銀三三匁（もとは一二匁の品）　唐辛子銭四五〇文（平年は銭七二文）　真桑瓜銭一三四文（平年は銭三〇文）　鮎一籠銭二貫四、五〇〇文　髪結銭四八文　道中旅籠一泊銭一貫二〇〇文　線香一把銭二四文（かつては銭四文）

数年にわたる統計的な数字ではないうえに、銭相場の変動が大きいので比較するのは難しい。「世事見聞誌」には、平年や数年前の価格との差が示されていて、さまざまな物の値段の上昇がわかる。

つぎは、『尾崎日記』『石川日記』「世事見聞誌」に記された酒の値段である。

・文久元年　四月　一日　一升銭四〇〇文・一合銭四八文（『尾崎日記』四）
慶応元年　四月一八日　上一升銭五〇〇文・一合銭六〇文　並一升一朱・一合銭四八文（同前）
　　　　　九月一三日　一升銭五五〇文・一合銭六四文（同前）
二年　九月　一日　日出山一升銭一〇〇〇文・浅川一升銭八一二文・舞鶴一升銭七五〇文（同前）
　　　一〇月　上一升銭一二〇〇文・下一升金二朱（『石川日記』十二）
三年春　一升銭二〇〇〇文（「世事見聞誌」）

酒の値段は米値段に比例するので、その価格は高騰している。およそ二年間で四倍から五倍に跳ね上がっていることがわかる。

文久元年の米価高騰と騒動

慶応二年（一八六六）六月に起こった武州一揆にみるように、富裕層は、窮民の要求を拒否すれば打ちこわしを覚悟しなければならなかった。窮民をいかに救済するのかが緊急の課題になった。いつ一揆が起こってもおかしくない状況が、多摩の各地でも慶応二年以降続いた。

表7　万延元年横山宿米穀価格

（単位：石）

月	上米	中米	下米	新上米	新中米	新下米	白米	大麦	挽割麦
閏 3	0.44	0.45	0.46						
9	0.4	0.41	0.43	0.43	0.44	0.46	0.0055	0.9	0.0075
11				0.4	0.41	0.42	0.0053	0.7*	0.006
12				0.38	0.39	0.4	0.005	0.7*	0.006

出典　「御用留」（成内家文書）.
注1　白米と挽割麦（ひきわりむぎ）は銭100文あたり.
　2　＊は上大麦の価格.
　3　11月に古米は一切ないと報告されている.

文久元年（一八六一）は、各地で窮民救済が行われている。表7は、八王子横山宿の米問屋が江川代官に報告した万延元年（一八六〇）だけの米穀値段の推移である。一両で買える米穀の量を示し、単位は石である。

表7によると、万延元年の米穀価格は、すでに高くなっていた春からその状態が冬にかけて続いた。それが翌年の端境（はざかい）期に向かってさらに急騰し、新米のできる一〇月にやっと前年並みに下がった。万延二年二月には、八王子宿の米穀商が買占めをしていて生活が苦しいので、二一日に米穀商を打ちこわそう、という張札（はりふだ）が八王子宿近辺の各所に貼られる事件が起こっている。

江川代官手代の網野久蔵が八王子宿まで出役して村々の役人を集め、村人が打ちこわしに参加するのを押さえるよう指示したほど、打ちこわしの脅しには現実味があった（『尾崎日記』四）。

代官手代から咎められた米穀商たちは、入荷がほとんどないので八王子宿で座して待っているわけにはいかなくなり、宿の入口である新町(しんちょう)宿の外れまで出ていって買い入れていた。しかし、浅川を渡った東隣に位置する大和田村の水車稼ぎ三名が、八王子宿に米が入る前に買い取ってしまうため、やむなく大和田村より先に出て買い入れた。これが糶買(せりがい)にあたると代官手代に咎められたので、米穀商たちは詫びるとともに、大和田村の水車稼ぎたちの行為を止めさせるよう求めた。この糶買行為が米価を上昇させる買占めと見なされ、打ちこわしを予告する張札事件につながったのだろう。

なお、日野宿（日野市）の河野清助が、慶応二年（一八六六）四月一五日に「大和田車（水車）え米六俵付(つけ)る」、同月二六日に「大和田車え米八俵付る」、同月二七日に「大和田車え米六俵付る」（『河野清助日記』二）と書いているように、八王子宿米穀商が主張する通り、日野宿方面からの米が大和田村の水車稼ぎの手に渡っている。

文久元年の窮民救済

小津(おづ)村では文久元年（一八六一）三月一一日、米穀が高くて買えないと言って、村民六人が村役人のところに金の無心にやってきた。村では、村民一六名が金一分から二両の範囲で拠出して助成用立金一九両が集った。そこから、窮民一四名に合わせて一一両三分二朱を貸し、困窮の程度が深刻な一一名に合わせて六両を与えた。

上恩方村でも文久元年四月、穀物価格の高騰に苦しむ村民に施しが行われた。六名が一〇両から二両の範囲で拠出し（うち一名は金二両分の大麦一石二斗）、村内の四地区四五軒、一六〇人ほどへ、一軒に金三朱、一人に金一朱の割合で与え、極貧の者には一人に一朱と銭二〇六文ずつを施している。ある地区では個人が五軒ほどに施したという。村としての救済が広く行われている。

慶応二・三年の窮民救済

武州一揆の起こった慶応二年（一八六六）は、米穀をはじめ物価はいっそう高騰した。その様子を『石川日記』十二から紹介しよう。とくに表示のないものは、一両で買える量を示す。

六月　白米一斗一升（玄米は一斗三升）・殻粟三斗

八月　白米一斗・玄米上物一斗二升

十月　白米八升・殻粟一斗九升・搗粟一斗九升　粉糠六斗が一両三分

慶応二年の八王子宿周辺地域は、養蚕と畑作がともに稀な凶作になった。畑作凶作の背景の一つに、八月八日に前夜からの暴風雨により多摩川が氾濫し、田畑が大きな打撃をこうむったことがある（『小島日記』32）。

図11　鑓水村の風景（横浜開港資料館蔵）

鑓水村では、生活が立ち行かなくなった村民へ米と金を渡す窮民救済が行われた。七月一〇日に米はすべて一度に、カネは盆と年末の二度に分けて渡した。米は、要右衛門（生糸商人）一人で二〇俵（一俵四斗入り）を拠出し、一人八升の割合で二八軒の困窮者に渡した。カネは、一五両から五両の範囲で一〇名から合わせて一〇五両が拠出され、七月一一日に一人金二分を三一軒に渡し、暮れの一二月二一日に一人金二分を三〇軒に渡した。富裕な村民が米やカネを提供し、生活できなくなった村民を救済したのである。

鑓水村は、開港後の生糸貿易で多額の利益を蓄積した村民がいる一方、米価高騰で生活できなくなった村民も続出した事例である。もし有効な窮民救済が速やかに行われなければ、一揆・打ちこわしを覚悟しなければならなかった。鑓水村の七月一〇日頃からの貧民救済は、武州一揆の圧力が富裕民にこのような窮民救済を行わせたのであり、それがこの村で騒動が起こらなかった理由だろう。

表6にみたように、米穀価格の高騰が慶応三年（一八六七）になっても解決しなかった直接の原因は、前年の不作だった。上恩方村では、これまで炭焼きで稼いでやり繰りしてきたが、この春に米価が高騰したため暮らしが立ち行かなくなった、と困窮した七名が金の無心をしている。七名が二、三両ずつ、合わせて一六両の貸与をうけた。

富裕者の拠出による救済のほか、貯穀の拝借がある。幕府は寛政の改革（一七八七～九三）で、凶作・飢饉に備えて食料を備蓄させる政策を採用し、幕府領村々に郷蔵などを造らせ米や稗などを蓄えさせた。その出し入れは村側の自由にならず、幕府（代官）へ願い出て許可が必要だった。粟須村は、郷蔵の貯穀の拝借を出願し、五年間で詰め戻すという条件で稗一一石一斗六升が渡された。一人につき一斗八升六合の割合で、一三軒・六〇名に渡された。これは、名主家を除いた村民全員だった。

米価高騰と幕府

慶応三年（一八六七）春も米価高騰が続き「人気不穏」の状況のままなので、一揆・打ちこわしなどの騒動が懸念された。幕府は、改革組合村の自助努力による窮民救済を命じるばかりだった。関東取締出役（かんとうとりしまりしゅつやく）の根本麟次郎は二月、日野宿組合村大小惣代と寄場（よせば）役人へ、組合による窮民の救助を指示した。その命をうけた日野宿組合では、穀物に余裕のある者が不足している者に貸し（「貸穀」）、新穀が収穫されたら返させる、ただし利息（「利穀」）を取り立ててはならない、と取り決めている。

また、関東取締出役の吉田僖平次は八王子宿に大小惣代を呼び集め、穀物を持っている者が窮民を救済するよう命じた。さらに、村々で申合せや取決めをするよう指図し、八王子宿組合三二か村はそれに応じて議定を作成した。幕府は、改革組合村の力により、米穀に余裕のある者に圧力をかけ窮民の救済をさせようとしたのである。

米穀の有り高調査

その一方で幕府は、一村ごとに米穀・雑穀の有り高調査を行い、一村あるいは組合村内部で融通させようとした。関東取締出役は慶応三年（一八六七）三月、「窮民夫喰（ぶじき）（食糧）融通かた取調べ」と称して、寄場役人に帳面の雛形（ひながた）を渡し、一村ごとに調査して四月七日までに内藤新宿に提出するよう命じた。四月一日付で取調帳を提出した梅坪（うめつぼ）村をみると、玄米・大麦・小麦・稗・大豆について、名主一人分とそれ以外の一五人分の有り高を書き上げ、ついで、村人口九四人について、三月二九日から五月二九日まで六〇日間、一日一人玄米二合、雑穀一升ずつとして、必要な玄米・雑穀を算出し有り高との過不足を書き出している。

有り高　玄米一五石六斗　雑穀一二石　大豆一石五斗
必要高　玄米一一石二斗八升　雑穀五六石四斗　大豆二石二斗二升
過不足　玄米四石三斗二升（余）　雑穀四四石四斗（不足）　大豆九斗二升（不足）（注）

〔注〕は七斗二升の誤りか。なお大豆の必要高は、馬一匹の飼い料として一日大豆五合、二匹の六〇日分と種豆の数字。

梅坪村では、玄米は四石三斗二升の余裕があるものの、雑穀は四四石四斗も不足し、馬の飼料と種にする大豆も不足している。この不足分は、追って購入すると記している。幕府としては、米穀類の需給の逼迫度を確かめるとともに、余裕のある者による窮民の救助を促そうとしたのだろう。幕府は救済する余力を失い、組合村と富裕者による救済に頼るしかなくなっていた。

幕府は慶応二年一〇月、米価高騰対策として外国米の輸入と自由な売買を許可した

（『幕末御触書集成』四―三―一）。高月村の住民沢井元泰「世事見聞誌」によると、慶応三年春には外国米が流通し始めたらしく、南京米が一両に一斗二升で売られている。表6（前掲一三五・一三六頁）にみるように、同年春の白米相場、一両に八升五合よりかなり安い。これで人びとが助かったので、「唐人様」と有りがたがったという。なお、「わりの替わりに遣い」というので、ひき割り麦（石臼などで粗くひき割った大麦）の替わりに使ったらしい。

養蚕・生糸生産の活況

貿易開始の告知

貿易は安政六年（一八六三）六月から始まった。江戸の町には安政五年一二月晦日に横浜開港が予告され、諸問屋商人に貿易準備を町触により知らせ（『幕末御触書集成』六二八三）、さらに安政六年正月一四日に、神奈川・長崎・箱館の三港が開港されるので、開港場へ出稼ぎや移住し自由に商売してよろしいという主旨の触書が出た（同前五〇八四）。そして、具体的な貿易方法や外国人についての触書が出され、開港と貿易が告知されていった。

幕府から多摩へは、貿易開始と取引に関するつぎのような一連の触書が、安政六年五月付で出された（同前五〇八五によると、五月二八日に、老中が勘定奉行に触れるよう命じているので、多摩へは開港当日か直後に触れられたか)。

①イギリスなど五か国に交易を免許したので、六月から神奈川(横浜)・長崎・箱館の三港で外国人と自由に取引するよう指示した触書。

②外国金銀がそのまま通用するので、国内貨幣と量目(目方)で取引すること。また、新たに鋳造した小判、一分判、二朱銀を目方に応じて通用させるよう指示した触書(『幕末御触書集成』四一六四によると、触れるよう五月二五日に指示)。

③外国人への販売禁止品目(官服・兵学書・武具類・銅など。『幕末御触書集成』五〇八六によると、触れるよう五月二八日に指示)。

さらに同年六月には、つぎの三つが出された。

①外国人が神奈川に居留し、そこから最寄り一〇里(約四〇キロ)四方の歩行を許可したこと(一〇里四方遊歩区域の設定)を伝える触書。

②貿易開始、取引方法、遊歩区域の設定と遊歩外国人の応対などを、住民に周知徹底させるよう誓約させた一札。

③海上や路上で外国人に出会った際、書状の伝達を頼まれ品物を贈られても断ることを命じた触書。

また同年八月、洋銀（メキシコドル。スペインがメキシコで鋳造した銀貨。一六世紀以降、中国や東南アジアで貿易用通貨として用いられ、幕末・明治初期に日本の開港場でも流通）と同じ品位の一分銀を鋳造したことを伝える触書が出された。

多摩の人びとも、このような一連の幕府触書により、貿易が開始されること、自由な取引と貨幣、遊歩区域内の村々には外国人が訪れる可能性のあることを知らされた。そして、横浜貿易をめざして動き出す者が現れてくるのである。

貿易開始と生糸輸出の活況

安政六年（一八五九）六月に横浜・箱館・長崎の三港が開港されて自由貿易が始まり、貿易は横浜を中心に急速に発展した。安政六年から慶応三年（一八六七）までの輸出入総額のうち横浜港が八〇％を占め、貿易の中心港になった。横浜港からの輸出額は、万延元年（一八六〇）の三九五万ドルから慶応元年には一七四六万ドルへ、四・四倍に拡大した。輸入額も、万延元年の九四万ドルから慶応元年に一三二五万ドルへ、一四倍に拡大した。

万延元年から慶応三年までの横浜港の輸出総額は七五八五万ドル、それに対して同期間の輸入総額は五三四二万ドル、つまり全体としては輸出超過だった。しかし、これが慶応三年には輸入超過になり、以後はその傾向が続くことになる。貿易の相手国としては、イギリスが圧倒的な地位を占めた。

輸出品の中では生糸が圧倒的で、生糸こそ最大の輸出品だった。また、文久(ぶんきゅう)元年（一八六一）から同三年では、国内向け（登(のぼ)せ糸・国用遣(づか)い）が一一・八％から〇・九％、それに対して輸出用（横浜糸・提糸(さげいと)）が八八・二％から九九％という比率だった。つまり、生産された糸の大半が輸出に回されたのである。これは、多摩でいえば八王子宿周辺でさかんだった絹織物（紬縞(つむぎじま)）産業に甚大で死活的な影響を与えた。

生糸輸出の爆発的増大

横浜港からの輸出品では生糸が、万延元年（一八六〇）から慶応三年（一八六七）までの輸出総額の七三％を超えて圧倒的に多く、ついで茶や蚕種(さんしゅ)などが続いた。

生糸の輸出額は、万延元年に二五九万ドルだったものが、五年後の慶応元年には一四六一万ドルへ五・六倍と爆発的に増加している。イギリス領事代理が、この港における生糸輸出の急速な発展は東洋において未曾有のものである、と驚くほどのものだった。

急激に生糸輸出が増大した理由は、①一八六〇年頃、ヨーロッパで蚕の病気である微粒子(びりゅうし)病が流行し、フランスを中心に生糸産業が大打撃をうけたこと、②日本産生糸の安さであった。輸出された生糸価格は、ヨーロッパのそれに較べ、当初は四〇％程度、慶応三年頃で六、七〇％だった。外国商人は日本産生糸で大きな利益を手にしたが、日本国内のそれまでの生糸価格に比べると輸出価格は非常に高く、日本の生糸生産者とそれを扱った日本商人も潤ったのである。ただ、粗製乱造による品質の低下とヨーロッパ製糸業の回復、そして養蚕の不作により、慶応二年から輸出額は減少してゆく。

なお、同期間の横浜港の輸入品では、綿織物・毛織物が六一％を占め、武器・艦船が九・六％、綿糸が七・七％と続いた。綿糸は、文久元年（一八六一）に七万ドルだったが、六年後の慶応三年には一三四万ドルへ一九倍も増大した。

日本商人は、開港場に設定された居留地に進出してきた外国商社・商人と自由に貿易できた。居留地に隣接する横浜の町々には貿易を求めて各地から商人が集まり、その中から外国商人との取引を仲介する売込商（うりこみしょう）と引取商（ひきとりしょう）が生まれた。生糸は、生産者から集荷した在方荷主（浜（はま）商人などと呼ばれた）が、横浜の生糸売込商のところへ運び、外国商人へ売却され輸出された。綿布・綿糸は、横浜の綿糸布引取商が外国商人から買い付け、都市問屋を通して消費者や綿布生産者に販売された。

幕府は、攘夷（じょうい）主義者による外国人殺傷事件を恐れて、通商条約で外国人の内地通商権を認めなかった。そのため、外国人が生糸産地に出向いて直接に買い付けることができなかったので、貿易が生み出す利益は、生産者、在方荷主、売込商のもとに蓄積されていった。

開港前の八王子生糸価格

開港以前と以後の生糸価格を比較するため、まず開港以前の八王子地域の生糸価格を表8に示した。

生糸は、価格変動の幅が大きい商品である。表8の天保(てんぽう)一一年（一八四〇）の数字を、一両で買える生糸の量（匁。一匁は約三・七五グラム）に換算すると、「登せ糸」は一両で生糸一八〇匁、「立糸」は一両で生糸一六〇匁、鑓水(やりみず)村では一両で生糸一四三匁にあたる。これはかなり高い方で、弘化(こうか)元年（一八四四）は、それぞれ一両で生糸二一一匁、一九〇匁、一七四匁になる。

表9の『尾崎日記』によると、開港直前の安政二年（一八五五）でも、新糸の価格相場は一両に生糸一八〇〜二〇〇匁である。同日記の天保一〇年五月一七日条に、新糸の出始めで一両に二一四、五匁くらいより高いのは稀なこと、また同年末の条に、この年の一両で生糸一三〇〜一四〇匁という相場は「稀なる高直(こうじき)」、慶応元年閏(うるう)五月三〇日の条に、「毎々(まいまい)（前々）は新糸両に百七十目位より」と記されているように、一両で新糸一七〇匁というのが平均的な相場だった。ところが、貿易が始まると、生糸価格は文字通り高騰す

表8　八王子地域の開港以前の生糸価格

年次	相原村記録Ⅰ	相原村記録Ⅱ	鑓水村	尾崎日記
天保 3			4.819	220~230匁
4			4.762	
5			4.545	
6			5.747	
7	4.651	5.128	5.333	190~200匁
8	4.598	4.938	5.479	170匁
9	4.819	5.405	5.634	
10	6.061	6.897	7.491	180匁
11	5.555	6.250	6.993	140~150匁
12	5.634	6.250	6.711	
13			4.167	250匁＊
14		5.882		
弘化元	4.739	5.263	5.747	

注1　相原村記録は，相模高座郡相原村小川家文書「種蒔覚帳」記載の毎年８月の八王子糸相場．相原村記録Ⅰは「登せ糸」，相原村記録Ⅱは「立糸」（山崎隆三『近世物価史研究』）．

2　鑓水村は，同村大塚五郎吉家の毎年10月売渡価格の高値と安値の平均（山崎隆三『近世物価史研究』）．

3　相原村と鑓水村の数字は，糸１貫目あたりの両建て価格．

4　＊は，『尾崎日記』天保13年５月20日条による．同年12月29日条には，「糸柄も盆後は両に二六七十匁くらいも致し候ところ，極月に相成り候ては両に二二十匁くらいまでに相成り候」と記されている．数字は，１両で買える糸の量．

表9　『尾崎日記』にみる生糸価格　（単位：匁）

年　月　日	新糸	糸	地遣い糸	横浜提糸	養蚕豊凶
嘉永 4・ 6・ 7	210				不作
6・正・ 3		132~137			
6・ 4・30		125~130			
6・ 5・20	150				不作
安政 2・ 5・ 4	180~200				豊作
6・春末		110~125			
6・ 6・ 4	140~150				（蚕違い）
6・12・30		70			
万延元					（6分）
文久元・ 6・29	85				豊作（8分）
2・12・29			80	70	（8分）
3・ 9・29			60~80	60	（7分）
元治元・ 2・29		50			
元・ 3・30		40			
元・ 4・25		50~60			
元・ 6・ 1	65~66				大豊作
元・ 9・30		63~64			
慶応元・ 3・ 9		48			
元・閏5・30	50＊1				
元・ 7・30		42			不作
慶応 3・春＊2		28			不作

注1　＊1には，「毎々（前々）は新糸両に百七十目位より」と注記．＊2は，沢井元泰「世事見聞誌」による．

2　（　）内は，『八王子市史』下巻第四章第四節による養蚕の出来具合．

る。

開港後の生糸価格高騰

幕府は、貿易開始に備え安政四年（一八五七）二月に産物調査を行い、「産物書上帳」を提出させている。この調査は、米穀以外の産物類の一か年販売高から、小細工物や翫物類など余業の品も書き出させるものだった。八王子宿惣代横山宿名主は、宿村々の「産業の品」を調べろという代官からの指示をうけ、「農間に織った博多帯地、および養蚕をして紡いだ糸を八王子宿の市や江戸で売り捌く以外に産物はない」と回答している。

また幕府は、貿易開始直前の安政六年四月六日、安政五年の繭と生糸の生産量を一村ごとに書き上げるよう指示した。しかし、不十分と判断したのか、すぐに安政三年から五年まで三か年の生糸生産量の調査を命じた。「辰より午まで糸出高取調書上帳」の提出を指示し、幕府領と旗本領や藩領に分け、一村ずつ辰年（安政三年）、巳年、午年ごとに生糸の生産量を書き上げるよう指示した。この調査は、幕府領だけではなく生糸全生産量を把握しようとしたらしい。これはすなわち、生糸が貿易の主要輸出品になることを見越した調査であり、人びとに生糸が輸出品になることを認識させただろう。

生糸輸出の爆発的増大は、生糸価格を高騰させた。貿易開始翌年の万延元年の横浜港における生糸輸出量は、七七〇三ピクル（一二万三〇〇〇貫余。ピクルとは、中国沿岸から東南アジアにかけて、おもに海運業界で用いられた重量の単位。一ピクルは一六貫目）、開港前の全国生糸生産量はおおよそ二万梱（一八万貫。生糸一梱は九貫目、約三三・七五キログラム）なので、七〇％近くが輸出されたことになる。生糸生産量は開港五年目の文久三年（一八六三）には四万梱（三六万貫）に倍増し、文久二年、同三年の平均生糸輸出量は国内生産の七五％にあたる三万梱にも上った（『横浜市史』資料編1）。なお、文久三年後半から翌元治元年の前半にかけて、幕府の横浜鎖港交渉により貿易規制が行われ、一時的に生糸の輸出も激減した。

貿易が始まった安政六年に八王子宿地域で何が起こったのかを、『尾崎日記』の記主は、安政六年一二月三〇日条に一年を振り返ってつぎのように書いている。

（生糸価格が）九月時分からは非常に高くなり、一両に七〇目くらいになった。まれな高値である。生糸の価格が高くなった理由は、アメリカと貿易が始まったからである。世間おしなべて金回りが悪くて難儀した。外国貿易は六月頃から始まった。今年の十月は、世間みなみな金詰まりになって金銭のやりくりがつかず、山方などはとくに難儀した。

貿易が始まる前の春から生糸価格が上昇し始め、六月に貿易が始まると八、九月頃から高騰し、とうとう一両で生糸七〇匁という稀にみる高値となったという。開港直前の五月九日に小比企(こびき)村の住民が、八王子宿の市では新糸（新繭(しんまゆ)を挽(ひ)いた生糸）が高値で、一両に生糸一三五匁で取引されている、と手紙に書いている。

表9（一五六頁）によると、春の末（三月か）の糸値段は、一両に一一〇匁から一二四、五匁とかなり高かったが、養蚕が稀な不作だったため、六月の新糸は一両に一四〇匁から一五〇匁と値下がりした。ところが、八、九月頃から糸価は急騰し、年末までには一両に七〇匁という、考えられないような高値になった。にもかかわらず上恩方(かみおんがた)村が金詰まりで苦労したのは、養蚕が不作のうえに生糸が高すぎて織物が割りに合わず、炭価格は上がらなかったためで、貿易の恩恵はまだ来なかった。

鑓水商人と八王子糸

八王子宿の市に出される武蔵国・相模国地域で生産された生糸は、八王子糸と通称されていた。それは、横浜で取引された代表的な生糸である前橋糸や上田糸と同じ事情である。前橋糸は、上州から信州北部で生産され前橋（群馬県前橋市）の生糸市に出荷された糸の総称である。上田糸も上田藩領やその周辺地域で生産され上田町（長野県上田市）に集荷された糸の総称である（井川克彦「横浜開港前における上田小県地方の製糸業」)。

明治四年(一八七一)のことであるが、年間の生糸取引高が一〇〇〇両を超える生糸商人が、鑓水村だけで五人もいた。彼らは開港以前、周辺地域から集荷した生糸を八王子宿の市に出す売り手だったが、開港後は糸の買い手に変わり、買い取った生糸を横浜へ運んで輸出用に売る浜商人に変貌した(『八王子市史』下巻)。

明治元年(一八六八)一二月に、東京府収税局から蚕種鑑札(さんしゅかんさつ)を与えられた現八王子市域の者九名のうち鑓水村住民が三名、生糸鑑札を与えられた者四五名のうち鑓水村住民が二一名を占めている。彼らこそ鑓水商人たちであり、彼らが通った横浜への街道が後に「絹の道」と名付けられた。慶応二年(一八六六)に第二次幕長戦争にあたり幕府が二度目の献金「御進発再度上納金」を募った際、鑓水村では要右衛門の一〇〇〇両を筆頭に、九名で二〇五両を献納した。鑓水商人の豊かさがしのばれる。

八王子糸価格の動向

信州飯田提糸(さげいと)や上州前橋提糸が高級品、近江糸や奥州糸が下級品、八王子糸は下等品という地位だった。横浜での八王子糸の価格は低く、文久二年(一八六二)に一両に上州糸が五七～六三匁、信州糸が六五匁に対して、八王子糸は九〇～九六匁、文久三年に一両に上州糸が五六匁、信州糸が六〇匁に対して八

図12　絹　の　道

図13　八木下要右衛門屋敷跡（現・絹の道資料館）

表10　大塚五郎吉浜出し提糸価格

年　月　日	値段(匁)
万延元・4	104.0
文久 2・12・16	62.5
3・3・26	70.0
3・4・10	62.6
3・7・26	60.0
3・8・6	58.6
3・9・24	60.1
元治元・正・23	57.0
元・6・6	64.0
元・9・6	60.1

出典　『八王子市史』下巻.
注　数字は1両あたりの量, 鑓水村大塚家の10月中の平均売渡価格.

王子糸は七五匁だった。しかし価格差は次第に縮小し、八王子糸の品質は向上していった(以上『八王子織物史』上巻)。

生糸価格の動向を、鑓水村大塚家の輸出用売渡価格の推移を示す表10と、上恩方村の『尾崎日記』に記された生糸価格である表9（前掲一五六頁）から見てみよう。表10によると、文久から元治までの四年間は、一両に生糸六〇匁前後で推移しているが、一年間でも一両あたり生糸一〇匁も高下がある。表9と表10の数字はぴたりとは合わないものの、大きな差異はない。表9によると、慶応年間（一八六五〜六八）はなおいっそう生糸価格は高騰している。

繭の価格、とくに生糸価格の高騰は生産者を刺激し、増産と新規に取り組む農家が多かったらしい。

養蚕・生糸の増産

慶応元年（一八六五）一一月に武州都筑郡川井村（神奈川県横浜市）の名主らは、蚕種統制を提言した文書の中で、生糸は「御国産最上の高価」であり、上野・武蔵・相模の三国や関東以外でも貧富の差なく養蚕・生糸に取り組んでいると指摘している（落合延孝「武州一揆の史料紹介」）。幕府は元治元年（一八六四）正月二六日、田に桑を植え付けること、畑も穀物栽培をやめて桑や茶を植え付けることを禁止したほどだった（『幕末御触書集成』四四八三・四四八四）。それでも勢いは止まらず、上州岩鼻（群馬県高崎市）陣屋は慶応二年四月一四日、元治元年の触書をふたたび出している（『横浜市史』第2巻）。

多摩でそのことを直接に伝える史料を示せないが、日野宿（日野市）横町に住む河野清助の日記（『河野清助日記』一。慶応二年正月から始まる）には、養蚕を拡大する動きが見られる。

慶応二年二月一〇日に「下往還添道端え桑ノ木四十本植ル」、同月一一日に「上往カンゾエ道端へ桑二十本ウエル」、同月一二日に「姥久保・ヤシキエ桑ウエ（植）」、同月一三日に「同桑ノカヒサク（開作）」と、桑の増産に励んでいる。慶応三年にも二月一六日に「坂上三ノ割畑え桑植」、同一九日に「坂上え桑ノ木植ル」、同二一日に「道端桑カヒサク」、慶応四年三月七日には坂上へ桑の木を植え、翌八日にも坂上畑へ桑六〇本植える、と書いているようにさらに増産に励んでいる。

ここには、幕府の規制を突き破る養蚕農家のたくましい勢いを見ることができる。繭買いや糸買い、さらに自家製糸も含めて八王子宿の市へ売りに行く記事もある。養蚕・製糸の拡大を図るとともに、横浜へ蚕種を売却するなど、貿易利益を生み出そうと励む姿も見ることができる。

百姓は、儲かる養蚕・生糸への取り組みを強め、養蚕に必要な桑を畑のみならず田にまで植え付けるようになった。江戸時代後期の百姓は、商品経済の発展に好機を見つけ、儲かりそうな物に力を入れて利益を獲得してゆく、社会の経済化、市場経済化のなかに生きている。開港後は、利益を獲得できそうなのが養蚕・生糸だったのである。

養蚕・製糸の技術

スイス人貿易商ブレンワルドは、元治元年（一八六四）四月に八王子宿を訪れた際、木曾村（町田市）から八王子宿までの街道の両側は桑の並木道で、「どれも大抵背が低く、葉は薄緑色している」と書いていた。ドイツ人考古学者シュリーマンは慶応元年（一八六五）五月、八王子宿への道筋の桑畑について

「イタリアでそうであるように、あたり一面整然と桑の木が植えられていた。桑の木は一・五メートルから二・五メートルの高さにしか成長しないように枝が刈られている」と記している。この二人の観察から、多摩では刈桑（かりくわ）という栽培方法で、枝を伐（き）って低木にし、桑の葉を摘みやすくする仕立て方だったことがわかる。これは最近までみることができた桑畑の光景と同じである。

桑の仕立て方は、「立て通し」という枝を剪定せず大木にするのが一般的だったが、「刈桑」仕立ては一七世紀末から始まったとされる。桑を畑に栽培するのもそれほど一般的ではなかったが、幕末の多摩では、畑に刈桑という仕立て方で栽培されていた。なお、八王子宿周辺では、天正（てんしょう）一九年（一五九一）の検地帳に桑畑が多数あることから、一六世紀末には桑は畑で、しかも恐らく低木にする仕立て方で栽培されていたのではないか。

ブレンワルドは農村部の養蚕・製糸を、「木曾と同じ養蚕が行われている。生糸・製糸業、紡績業は非常に原始的だ。たとえば、ある家では四人の少女が蚕の繭から手で糸を縒（よ）り出しており、その糸を石炭の強火で加熱されている水で一杯の鉄製の釜に入れ箸で時々混ぜ、糸を小さな巻枠に巻き上げていくのだ」と描写している。

道筋の家屋の中に「小規模の生糸の製糸場」がある、と家内工業的な製糸業のさかんな様子を記し、宿泊した原町田（町田市）の茶屋では、「奥の方にある棚の上にはたくさんの繭が入った竹の茣蓙がかなりみられた、人びとは蚕を殺すためと、そしてそこから生糸を取るために沸騰したお湯の中に繭を入れる」と製糸の様子を書いている。シュリーマンは、八王子宿について、「それぞれの家屋にはたいてい、手動式の生糸紡績機とか絹織物の販売所がある」と記す。製糸は、繭の糸口を立てて左手で糸に撚りをかけ、右手で糸取りの枠を回す手挽き、という「原始的」な段階にあったことを伝えている。

上州の前橋（群馬県前橋市）や高崎（同県高崎市）などで工夫された座繰りの技術が、各地に導入されていった。近代製糸業の中心となる長野県岡谷・諏訪地方（岡谷市・諏訪市）では、開港後すぐに上州から導入し、長野県上田地方（上田市）はそれより早かったという（『ふるさとの歴史製糸業　岡谷製糸業の展開』）。『八王子市史叢書2　聞き書き織物の技と生業』によると、現八王子市域の座繰りは明治以降であり、養蚕・製糸のさかんだった由木地区の民俗調査では、昭和一〇～二〇年代のこととして、「手回しの座繰りや足踏みの座繰りがたいがいの家にあって」という聞取りがある。いつから座繰りが始まったのかわからない（『新八王子市史民俗調査報告書第2集　八王子市東部地域　由木の民俗』）。

絹織物業への打撃

糸の飢饉

生糸の大半が輸出されたことにより大打撃をうけたのは、各地に展開していた絹織物業だった。生糸のおもな流通が、〔養蚕→生糸→絹織物〕から〔養蚕→生糸→海外〕へ劇的に変化したことにより、絹織物業は大打撃をこうむった。

当時日本有数の絹織物業地帯で、絹織物に特化していた上州桐生（群馬県桐生市）では「糸の飢饉」と言われたほど品薄のため生糸価格が高騰し、絹織物業は窮地に陥った。早くも開港の翌月の安政六年（一八五九）七月、生糸輸出の停止を勘定奉行に嘆願した。九月には、桐生領五四か村のうち三五か村が生糸輸出の停止を幕府に訴え、一一月には大老の井伊直弼と老中の間部詮勝へそれぞれ駕籠訴を決行した。しかし、幕府から具体的な回答を得られなかったため嘆願が繰り返され、桐生では不穏な状況が続いた（『群馬県史』通史編5近世2）。

安政六年の年末には、高級絹織物の代名詞ともいうべき京都西陣で、糸不足のため機屋が休業に追い込まれ、織職人たちが生糸商人宅に乱妨を働く騒動すら起こっている（『横浜市史』第2巻）。

その翌年の万延元年（一八六〇）一一月、武蔵国多摩・入間・比企郡（東京都・埼玉県）、相模国高座郡・津久井県（神奈川県）の縞買商人（絹織物＝「縞」を取引した商人のこと）五〇人が、中神村（昭島市）名主の久次郎・宮下村名主の源兵衛・梅坪村名主の幸吉を惣代として、生糸の払底と高騰により織屋が休業したため商売にならないと深刻な窮状を訴え、生糸輸出の禁止を幕府に嘆願した。

武蔵国・相模国の織物業のさかんな地域も、桐生や京都西陣と同じ状況に追い込まれていたのである。

さかんな絹織物業

絹織物（総称して「縞」と呼ばれた）生産がさかんだった現八王子市域の村々は、たとえば上恩方村の享保五年（一七二〇）「村明細帳」によると、「蚕養仕り候て、六月土用の時分よりふと（太）絹木綿入り紬（太織縞のこと）織り申し候て、御年貢上納仕り候」、つまり養蚕をして糸をとり、織った紬の利益で年貢を納める、という。織物は、生活と年貢納入にとって重要だった。またこれによると、上恩方村では養蚕・製糸・機織りが一貫して行われたらしい。

一九世紀に入ると絹織物はますますさかんになり、文政一〇年（一八二七）の『高尾山石老山記』によると、八王子千人町に入ると機織りの音がどの家からも聞こえるという（「何れの家も機の音す、内職にするなるべし」）。

天保一二年（一八四二）に甲州道中を旅した浮世絵師歌川広重は、散田村辺で「此の辺より先、すべてはたおる（機織）家多し」、また、小仏宿のあたりで「此の所も家毎にはたをおれる」と書き、至る所で機を織る音が聞こえるほどだった（『歴史の道調査報告書第五集　甲州道中』）。

広重らの耳に入った機の音は、多くは賃機と呼ばれる機織りの音であったろう。天保中期以降（一八三〇年代半ば以降）、現八王子市北西部の村々は織物生産地帯、現八王子市南部が養蚕・製糸地帯と社会的分業が進んだといわれる。南部で生産された生糸を生糸商人が八王子宿の市に持ち込み、これを買い取った縞買商人が北西部の織物生産者（織屋）に織らせ、それを集荷するという仕組みである（『八王子市史』下巻）。

縞買商人は、仕入れた生糸を織物生産者（織屋・機屋）に渡して織らせ、労賃を払ってその製品を引き取る、という前貸し方式で絹織物を集荷するのである。生産者は労賃を得る存在となり、これを賃機と呼び一般的になっていった。なお、生糸も、繭を渡して生糸を引き取る形の生産方式があり、それは賃引（挽）きと呼ばれた。もちろん、社会的分業が進んだとはいえ、享保五年（一七二〇）の上恩方村にみたような養蚕から織物まで一貫して生産する農家も、まだ広汎に存在していた。現八王子市域は上州桐生ほど織物生産に特化していなかったため、桐生と比較して開港後の打撃は弱く、かつ早く生糸輸出に切り替えることにより対応できたといえるだろう。

絹織物市況の動向

縞買商人にとって、織物の売れ行きと価格が重要な関心事であり、織物生産者である賃機の織屋・機屋にとっては、いくら労賃を貰えるのか、つまり織り賃が重要になる。なかでもとくに、原材料である生糸の価格と織物の価格の関係が重要だった。表11は、下恩方村の縞買商人松井家の「店卸帳」に書き込まれた、「織物値段之儀」を抜き出したものである（『八王子市史』下巻。一部改めた部分もある）。そこには、松井家の関心事である織物と糸の相場、そして織り賃の動向が記されている。

表11　嘉永4年～慶応4年までの織物市況

年次	織物市況
嘉永4 (1851)	初めよりいたし値段四，五年以前なく高値に売捌き申し候，尤も織糸高値にてもしま（縞）値段よろしく候えども，織り賃たくさんに御座候，
嘉永5	初めよりいたし値段格別下げ申さず売捌き申し候，尤も当極月相成り縞値段少々下げ申し候，糸値段より王巳け（玉絓ヵ）下値ゆえ織り賃思いの外御座候，
嘉永6	出来秋仕廻（仕舞に同じ）の値段にて大きに大支えに思い候えども，是またさの異国船出来につき，追々市も不印に相成り候，尤もしまり織物捌き方に困り入り申し候，おりよく右の船早速出帆につき，それより織物値段は例年にもなく下値の相場なれども，右値段ゆえ思いの外縞はけ方よろしく候，尤も織り賃少々に御座候，
安政元 (1854)	異国船出帆につき出来秋織物値段大きによろしき値段に相成り候ところ，九月中旬大坂へ船（ロシア船）参り候よう申し，織物四，五市は不印に御座候えども，冬右船出帆につき織物追々上印に相成り候ところ，十一月に相成り諸国地震大荒れ津波抔にて，又また極月まで不印御座候，
安政2	出来秋相応の値段に売り捌き候ところ，十月上旬より江戸地震大荒れにつき，家はかたなし（跡形なく）つぶれ，御屋敷方その外町内分残らず大荒れにつき，それより縞値段下値に相成り候ところ，ひとしきりは右荒れにつき売買休日損の事に御座候えども，追々取り繕いかたがた縞値段売り捌き方よろしく相成り，値段十二月まで不印に御座候，
安政3	出来秋相応の値段に売り捌き候ところ，十二月相成り市場ところどころ少々取り込み御座候ゆえ，市を十四，八（十八ヵ）相休み，それより縞皆沢山に相成り，値段下値に相成り候，尤も売り捌き方よろしく候，
安政4	出来秋より相応の値段売り捌き候ところ，十二月に相成り金詰まりにつき市場不印に相成り，売り捌き方値段下値に相成り候，
安政5	出来秋より十月頃まで相応の値段売り捌き候ところ，十一月に相成り八王子市一条につき絹買相場不印ゆえ，市休みかたがた売り捌き方不印，極月相成り市立て致し候へども，縞値段下値に御座候ゆえ，売れ残り申し候，

安政6	出来秋より追々高値に相成り値段売り捌き候えども，糸高値につき織物織り賃多分無印御座候，尚また世間一同蚕違い織物にを（？）一統織り賃御座なく候，
万延元(1860)	出来秋より追々高値に相成り，近年になき値段売り捌き候えども，糸高直につき織物多分織り賃御座なく候，かつ又世間蚕一同六分位の当たりに御座候，
文久元(1861)	出来秋より十二月まで格別値段相違もなく売り捌き申し候，糸絓高値につき織り賃多分は御座なく候，世間一同蚕八分くらい当たり年に御座候，
文久2	出来秋より極月まで格別値段相違もなく，ずいぶん上値段に売り捌き申し候，織り賃多分御座候，世間一同蚕八分くらい当たり年に御座候，
文久3	出来秋より極月まで格別値印相違御座なく売り捌き申し候，かつ縞値段たびたび値段よろしく，織り賃も相応に御座候，世間一同蚕七分くらい当たり年に御座候，
元治元(1864)	出来秋より極月まで格別値印相違御座候，思いの外売り捌き申し候，かつ縞の値段別してよろしく，織り賃も相応に御座候，
慶応元(1865)	出来秋思いの外値段売り捌き候ところ，当十月別して長州一条につき将軍様御心はづ（進発）上京遊ばされ，江戸表より諸旗本ならびに千人組まで御供なされ候につき，八王子市も追々不印相成り，極月は値段下値に御座候，尤も上方辺上印様子咄しなり候，
慶応2	出来秋より極月まで思いの外売り捌き申し候，値印格別高値には御座なくゆえ売り捌き申し候，
慶応3	出来秋別して上印に候えども，それより長州浪人尚また江戸表へ浪人這入り，種々の儀につき追々不印に相成り，十一月上旬より値段引き下げ元々売買いたし候，
慶応4	出来秋不印候えども，それより江戸表静かに相成り，縞追々引き上げ売り捌き申し候，

注 「不印」は相場が良くないこと，「上印」は相場が良いこと，「値印」は相場そのもの，を指しているらしい．

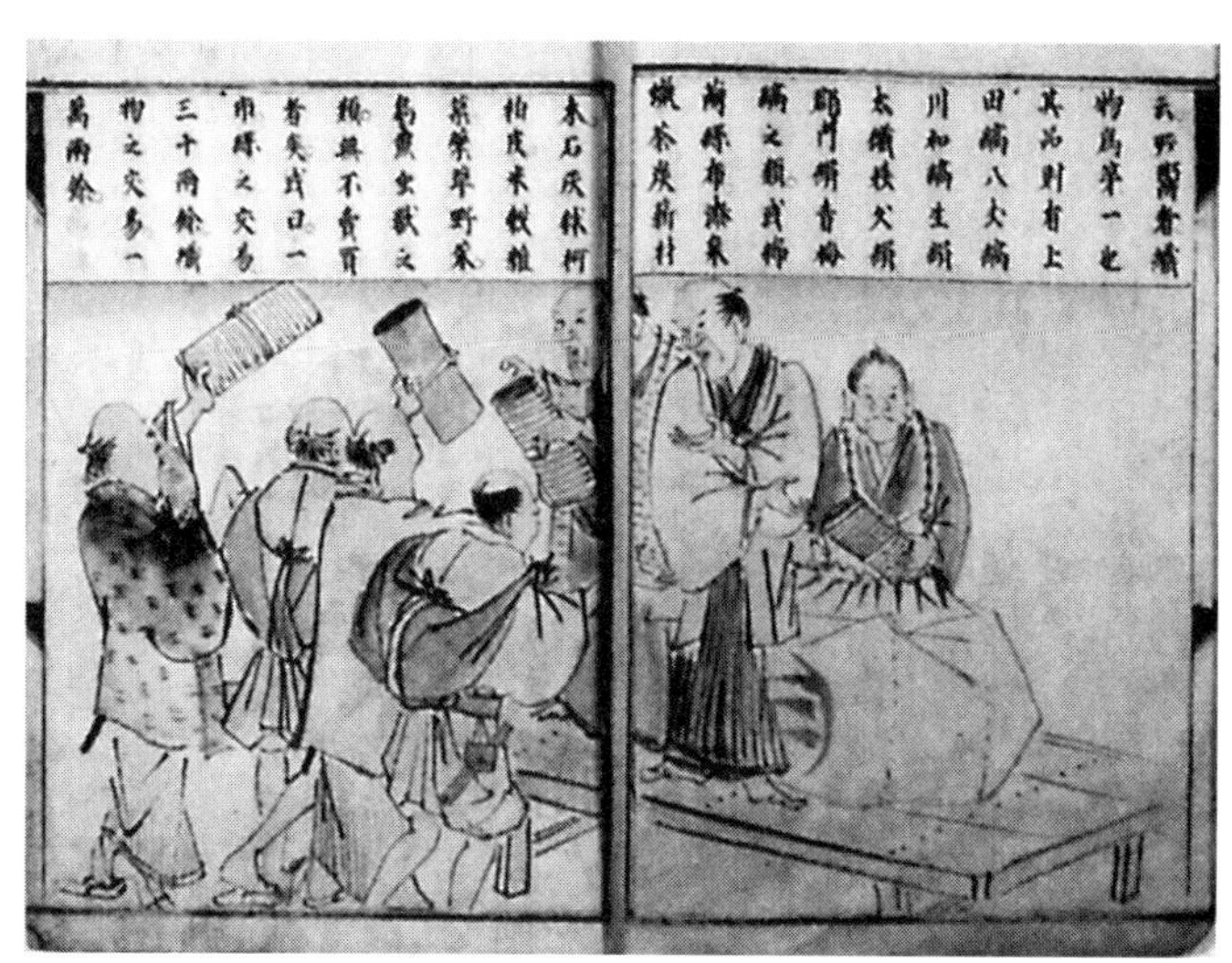

図14　八王子宿での織物取引の様子（『桑都日記稿本』極楽寺蔵，八王子市郷土資料館提供）

嘉永四年（一八五一）は、生糸値段は高かったが、それにも増して織物価格も良かったので織り賃が「たくさん」だった。嘉永五年は、織物値段は下がったものの、質の劣る玉糸・絓糸の値が安かったので織り賃は思いのほか多かった。嘉永六年は、ペリー来航などの影響をうけて織物相場が近年になく低かったので、販売良好だったものの織り賃は少なかった。外国船の渡来や政治の動向、地震などの自然災害は織物相場に影響を与えたが、原料生糸の価格と織物相場、および織り賃の多寡の関係はおよそこのようなものだった。

開港した安政六年（一八五九）、万延元年（一八六〇）、文久元年（一八六一）には、織物価格は高かったものの生糸値段も高いため、織り賃は出ないか出てもわずかという事態になった。貿易開始とともに始まった生糸の爆発的輸出が、織物業、とくに直接生産者を直撃した事態を読み取れる。

それでも文久二年、三年、元治元年（一八六四）などは、生糸値段は高かったものの織物値段も高いため、織り賃は「多分」「相応」となり、前三年より落ちついた状況になったらしい。その後は織り賃についての言及がなくわからないが、織物は値段が高くても売れたり、少し価格を下げて売り捌いたりと商売上の工夫をしながら営業を続ける姿がみえる。

川和縞相場の動向

江戸呉服問屋仲間は文久三年（一八六三）、文久二年秋と同三年六月の織物価格を調べて町奉行所に報告した（『横浜市史』資料編一）。それによると八王子の織物である黒八丈と縞紬の価格は、黒八丈が文久二年秋に一疋（一疋は織物二反のこと）銀二三〇匁（金一両銀六〇匁替えで換算すると金四両弱）で文久三年六月も同値段、紬縞が文久二年春に一疋銀一八〇匁（約金三両）で文久三年六月も同じ値段、と報告されている。表11の文久二年、同三年の織物市況に同じである。『尾崎日記』には、天保八年（一八三七）の黒八丈の価格が、二月二四日、一疋金一両一分、三月一八日、一疋金二両一分一朱と記されているので、文久二・三年は、天保八年二月と比べると約三倍、同年三月と比べると約一・七倍になっている。

表12は、『尾崎日記』に記されている川和縞（かわわじま）の価格の変遷である。川和縞は、相模国津久井県（神奈川県相模原市）中野村字川和という地名に由来する津久井地域の名産品で、経糸（たていと）は良質の生糸、緯糸（よこいと）は玉糸（たまいと）（太くて節がある生糸）や絓（しけ）（屑糸（くずいと）ともいう）糸を使った縞

表12　川和縞価格の変遷

年　月　日	1 疋 価 格
天保 3・秋	1両と1～200文～3分3朱
4・12・30	3分と1～200文
7・12・29	3分と200文＊1
8・ 2・24	1両1分（上物）
8・12・30	3分2朱
10・12・29	1両1朱から下がる
11・12・30	1両2朱～1両1分
13・12・29	3分3朱～3分と6～700文
嘉永 6・12	2分2朱～3分
文久 3・ 9・28	1両2分3朱
元治元・ 9・30	1両3分
慶応元・ 7・30	3両＊2
2・12・30	2両3分

注　＊1は「通常は三分三朱くらいする川和縞」，＊2は「郡内かいき絹一疋代金三両くらい」と注記.

織物である。縞買商人によって買い集められ八王子宿の市や江戸まで売り出されたという。

佐野川村（神奈川県相模原市）の縞買商人が安政六年（一八五九）に仕入れた際の価格は、一疋金一両二分二朱から一両三分二朱という（『津久井町史』通史編近世・近代・現代）。川和縞の相場をみると、嘉永六年（一八五三）を基準にして、開港後に二〇〜三〇％上昇し、慶応年間（一八六五〜六八）に入ると四〜五倍ほどになっている。

慶応二年武州一揆と多摩

慶応二年の養蚕・生糸

伊古田純道の武州一揆原因論

多摩における慶応二年（一八六六）の最大の出来事は、六月に起こった武州一揆である。なぜ慶応二年六月に大規模な一揆が起こったのか。武州一揆こそ、開港・貿易開始が引き起こした政治・経済・社会の矛盾の激化を象徴した事件だった。武州秩父郡伊古田村（埼玉県秩父市）出身の蘭方医伊古田純道（享和二年〈一八〇二〉~明治一九年〈一八八六〉。中沢市郎「伊古田純道の生涯と思想」）は、慶応二年七月に書いた著作「賊民略記」（『武州世直し一揆史料』）の中で、武州一揆の原因についてつぎのように書いている。

此賊民ノ起ル所以ヲ謀ルニ、横浜開港以来物価歳々ニ騰揚シ、今年ニ至テ殊ニ甚シ。

白米百文ニ一合八勺、挽割三合トナレリ。其他諸色四、五年前ニ比スレハ四、五倍ナラサル物ナシ。其上糸・蚕種ノ賊（賦カ）税ヲ命セラル。是レ則人心ノ動揺シテ賊民ノ起ル基本ナラン。（中略）此一乱名栗辺ニ始リ、忽チ数千人ニ及ヒ国中動乱セリ。其害ヲ受ル者ハ、横浜商人・穀屋・高利貸・大惣代、其外権勢アル者ヲ悪ミテ打潰セシナリ。

一揆の基本的原因は、①横浜開港以来の物価騰貴、②幕府の生糸蚕種紙改所政策にあると指摘している。これによれば、物価問題とともに、幕府が慶応二年五月から始めた生糸・蚕種紙流通の統制と新たな運上賦課とを検討する必要がある。

そしてさらに考えるべきは、養蚕の特殊な性格、および慶応二年の養蚕・生糸をめぐる特殊な事情である。開港・貿易開始により経済の好循環が生まれた一方、養蚕・生糸に依存したきわめて不安定な地域社会も生まれていた。慶応二年の特殊な状況を、丹念に深めてみる必要があるのではないか。

慶応二年は養蚕大不作

慶応二年（一八六六）の養蚕は大不作だった。その要因は、低温と桑不足による。多摩では、八十八夜にあたった三月一八日に大霜があり、桑の葉の八～九割も枯れ「養蚕家大嘆息」という。中藤村（武蔵村山市）の「指田日記」によると、三月一一日の大霜で「草木ノ葉皆枯レ桑皆無」、同月一八日の大霜で

「桑ノ葉凋枯」になった（『武州世直し一揆史料』）。小野路村（町田市）の小島家も三月二三日に蚕種一枚半を多摩川に流し、「嘆息々々」という状態だった（『小島日記』31）。日野宿（日野市）の『河野清助日記』一によると、三月一一日に「朝霜大ニフル」、同月一八日に「霜大ニフリ、桑葉大（多）クカレル」、そして同月三〇日に「カイコ所々ニテ桑ナクシテ川江流スコト夥シ、又地ニウヅメカヒコ神ヲ祭ル所モアリ」と、小島家同様に蚕種を川へ流すなどしている。

同様の記事は、南木曾村（町田市）市川氏「日記帳」にも、三月一一日朝に大霜、さらに一八日にも大霜がふって、麦作と菜種、そして桑に被害が出たため、養蚕に「大ニ難渋」し、蚕種を川に流したり、穴へ埋め塚を築いて白神を祭ったりしたという。さらに五月一五日の大雨から寒くなり、三月頃の気温になったため、養蚕は大凶作になった（「蚕大ニ悪くしてせ（世）間大はづれ也」）（『武州世直し一揆史料』）。

三月一一日と一八日の大霜で桑の葉が枯れ、養蚕に必要な桑葉が不足したため、蚕種を川に流して処分したのである。当然の結果として、養蚕は大凶作になってしまった。

養蚕は、上恩方村の『尾崎日記』四によれば、元治元年（一八六四）は六月一日、慶応元年（一八六五）は閏五月七日、慶応三年は五月二五日、慶応四年は六月一日までに終えている。八王子周辺では五月半ば頃から六月初めまでに終わっているらしい。つまり、六月半ばまでには養蚕大凶作がはっきりし、養蚕農家の大減収も確実になった時期である。

これに加えて、慶応元年七月から蚕種紙の輸出が解禁され価格が上昇した。上州那波郡連取村（群馬県伊勢崎市）年寄と武州都筑郡川井村（神奈川県横浜市）名主連名の願書によると、もとは上種紙一枚が銀一二～一五匁くらいだったものが、慶応元年一一月には一枚が一両二分～二両に高騰したという（落合延孝「武州一揆の史料紹介」）。慶応三年一一月二八日に、八王子宿では一枚三両で、「タネ高直ナルコト夥シ」という状況だった（『河野清助日記』二）。

蚕種紙の価格は、安政四年（一八五七）を一〇〇とすると、元治元年が四二〇、慶応元年が五六五、そして慶応二年は八四一にはね上がり、慶応三年には一三〇九へ急騰した（石井孝『幕末貿易史の研究』）。慶応二年は、蚕種紙の価格が前年からはね上がり、養蚕農家の生産コストが上昇したうえ、その蚕種を桑不足のため川に流すなど処分せざるを得なかった。それに追い打ちをかけるように、幕府による生糸蚕種紙改役所が五月から始まり、新糸と古糸への運上賦課が始まったのである。

養蚕は賭けに近い

武州埼玉郡常泉村（埼玉県加須市）の名主らが、慶応元年（一八六五）九月に蚕種紙統制を提言した中で、開港以来日本中で養蚕に励んだ結果、農間渡世のなかで「第一の産業」になり莫大の国益を生み出しているのは、養蚕・生糸であるとまず指摘し、資本・資産の必要な蚕種製造商人と較べて、養蚕・生糸農家の特性について興味深い指摘をしている（落合延孝「武州一揆の史料紹介」）。

養蚕・生糸は、養蚕開始から糸を取るまでに五〇日かからず大きな利益を得ることができる。しかし資産の乏しい百姓が、分不相応に養蚕に資金をつぎ込むため、場合によっては五〇日以内に一家離散、破産してしまうことも多い。うまくいけば短時日で大きな利益を得られるが、不作や生糸価格の下落などがあるとあっという間に破産してしまう、きわめて不安定な産業であると指摘している。借金して養蚕に資金をつぎ込み、できた繭や生糸を売って返済する、という自転車操業の農家もあったのであろう。

慶応二年四月の奥州伏黒村（福島県伊達市）の嘆願書によれば、「おもだったものは格別であるが、中下の百姓はみな養蚕中の費用・飯米代・日雇銭・桑代の支払いのため、糸がすこしできると市中へもち出し、または質入れして生活している状態である」（『横浜市史』第2巻）という。そこには、常泉村の名主らが指摘するように、養蚕・生糸に依存したかなり危うい不安定な暮らしぶりがみえる。

この養蚕・生糸の特性を考えると、武州一揆の起きた慶応二年六月は、不作により大減収となった養蚕・生糸農家が、借金返済のメドがたたなくなった時期ではないのか。養蚕は、気候、とくに気温に左右されがちだったため、養蚕技術が低い段階ではなかなか安定した収量を得られなかったらしい。

また、江戸幕府の貿易政策という政治的要因、さらに輸入する外国側の経済情勢などの複合的な要因により生糸価格は左右された。養蚕・生糸はもともと利益になり、とくに開港以降は多額の利益を生産農家にもたらしたが、国内政治と世界経済のみならず、気候に大きく左右される不安定な産業だった。

不安定な養蚕の実態

当時の養蚕は豊凶が激しかった。生糸価格と養蚕の豊凶は密接に関係し、貿易が始まった安政六年（一八五九）の生糸価格の高騰は、養蚕の不作も原因の一つだった。なお慶応元年（一八六五）九月に、武蔵埼玉郡常泉村の名主を物代として蚕種紙統制を提言した願書によると、蚕種紙一枚で繭がおよそ七斗取れ、繭一斗（一斗は約一八リットル）で生糸が七〇匁取れるという（落合延孝「武州一揆の史料紹介」）。

貿易開始以降の養蚕の豊凶を『尾崎日記』三、四からみてみよう（安政元年と万延元年〈一八六〇〉は欠本、安政五年と文久三年〈一八六三〉は記事がない。なお、慶応二年と同三年の桑の部分の後半は『石川日記』十二による）。参考のため、貿易開始以前も紹介しておこう。

嘉永二年—不作（「世間半毛なり」）・蚕種五枚で繭筵一八枚（しいな二枚）・桑（「桑下直、一駄につき三朱とて買い手これ無し、世間多分余る、手前金一両売る」）

嘉永三年—蚕種五枚半で繭筵六五枚・桑（「一駄につき一分一朱くらいなり」）

嘉永四年—不作（「世間半毛なり」）・蚕種四枚半で繭筵五七枚（しいな四枚）・桑（「くわ一両三分ほど売る、残り五駄ほども余る、値段は一駄一分一朱くらいまで」）

嘉永五年—不作（「当年は半毛なり」）・蚕種五枚で繭筵六六枚（しいな七枚）・桑（「桑高値なり、手前も三、四駄余る、金三分一朱売る」）

嘉永六年—不作（「当年は世間半毛なり」）・蚕種五枚で繭筵五七枚（しいな七枚）・桑（「桑下直なり、一駄三朱くらい」）

安政二年—豊作（「この辺蚕あたりなり」）・蚕種五枚で繭筵四三枚（しいな四枚）・桑（「当年の桑はこの辺格別の値段はこれ無し、一駄一分一朱くらいの値段のところ、郡内浅井又七、五日市・青梅辺は殊の外高値の趣、一駄三分もいたし候ようなり」）

安政三年―豊作（「世間一統あたりなり」）・桑（「沢山なり」）

安政四年―八分作（「蚕も世間は八分位なり」）・蚕種四枚で繭筵四二枚・桑（「当年も桑は高直にて、一駄二分位いたす、手前も四、五駄余る、一駄金二朱くらいに払う」）

安政六年―不作（「当年は世間一統蚕違いにて、村方等にても一軒もあたり候ものこれ無く、稀成る違いなり」）・蚕種三枚半で繭筵一二枚

文久元年―豊作（「世間もあたりなり」）・蚕種四枚で繭筵六五枚（しいな〈秕〉三枚）・桑（「桑は沢山にこれ有り」）

文久二年―豊作（「世間一統のあたりなり」）・蚕種四枚半で繭筵八〇枚（しいな四枚）・桑（「桑高直にて初め一駄一分一朱より、すえに一駄一両の上、桑はこの辺には一円に無之、稀なる事」）

元治元年―大豊作（「まれの大あたりなり」）・蚕種三枚で繭筵七六枚（「小田中源五と申す種屋のたね、一枚にて二六枚出来いたす」）・桑（「桑殊の外高直、一駄にて二両くらい致す」）

慶応元年―不作（「世間一統に違いなり」）・蚕種三枚と力石より四分一で繭筵五〇枚（し

いな八枚）・桑（「沢山にて売買これ無く候」）

慶応二年—不作（「世間一同違い年」）・蚕種二枚半で繭筵三七枚（しいな四枚）・桑（「この年は桑安き年にて上ノ原どこともなく切り捨て申し候」＝『石川日記』）

慶応三年—不作（「世間一統蚕は半毛なり」）・蚕種三枚（山浦一枚半・小田中一枚半）で繭筵五〇枚（しいな六枚）・桑（「当年は桑いたって高直なり、桑一駄につき金三両くらいもいたす、手前金三両買う」＝『尾崎日記』）（「当年は世間一同桑高値にて強しきこと、蚕盛りには、桑一駄につき金三両くらい、又は一駄二両三分くらいもあり、珍しき相場ゆえ帳面に記し置く」＝『石川日記』）

慶応四年—豊作（「当年は一統あたりなり」）・蚕種三枚半で繭筵八〇枚（しいな六枚）・桑（「世間一統種すくなき趣にて、さだめて桑沢山にて売買あるまじくと思い候ところ、はきたて初り、皆々種をととのい候や、桑も売れ初る、一駄につき金二分位までに相成り、仕舞にはきれいに相成り候様子なり、手前方にても金三両ほども買い申候」）

豊作は「あたり」、不作は「違い」と表現されている。開港以前も、豊作が続いたり不作が続いたりと不安定だった。開港後では、元治元年（一八六四）が大豊作、文久元年

（一八六一）・同二年・慶応四年（一八六八）が豊作だったのに対して、慶応元・二・三年と不作が続いている。桑の価格をみると、養蚕が豊作だった文久二年・元治元年・慶応四年は高値、不作の慶応三年も高値だった。養蚕が不作だった慶応元年・同二年は、桑も安くて売買もなく、伐（き）って捨てることすら行われた。

幕府の流通統制と生糸蚕種紙改所

ここで、武州一揆の原因の一つになった生糸蚕種紙改所に至る、江戸幕府の生糸流通統制を概観しておこう。

幕府の貿易・流通統制

貿易開始を覚悟した時から、とくに開港後の急激な貿易の拡大と物価騰貴に直面した幕府は、通商条約破棄、攘夷を主張する勢力への政治的配慮もあって、自由貿易を抑制するさまざまな流通統制策を打ち出すとともに、そこから利益を吸い上げ幕府財政に取り込むことを目論み、さまざまな構想が出された。

万延元年（一八六〇）閏三月、幕府は、雑穀・水油・蠟・呉服・生糸の五品を横浜へ直送することを禁止し、江戸問屋へ送ったうえで貿易に廻すよう命じた（五品江戸廻し令）。

これは、生産地から江戸問屋を通さずに商品が横浜へ運ばれたため、江戸への商品流入量が減少して物価が上昇したことと、江戸問屋を中核とするそれまでの流通機構が破綻し始めた事態への対応策だった。しかし、生糸生産者と商人、および自由貿易を主張する欧米外交団の抗議などにより、とくに生糸についてはなかなか守られなかった。

文久三年（一八六三）九月、幕府は鎖国攘夷を主張する天皇・朝廷を宥めるため、横浜鎖港方針を出し、貿易の抑制を図った。同時にふたたび五品江戸廻し令を出し、欧米外交団の強い抗議にもかかわらず、生糸貿易が一時停止される事態になった。

しかし、元治元年（一八六四）八月の英米仏蘭四国艦隊下関砲撃事件により、自由貿易を妨害する勢力へは武力行使も辞さないという欧米列強の強烈な意思が示されたため、幕府は生糸の江戸問屋買取制度をやめて検査のみ（実態は口銭徴収）とし、五品江戸廻し令は事実上撤廃された。

万延元年には、産物局を設けて幕領・私領の産物を調査し、幕府の船で商品を運送する直接流通統制策が出された。これは、輸出による物資の海外流出を抑制しようとする案である。同年四月には、大目付・目付・町奉行・勘定奉行を構成員とする国益仕法掛を設け、全国の産物を江戸と大坂に設置する国益会所に集荷し、その販売に課税する構想だった。生糸の流通を独占し貿易利益をひとり占めしようと目論んだが、二年後の文久二年七月に廃止された。文久三年には、糸座の設置により流通を統制して輸出を抑制し、国内消費用生糸を確保しようとした。さらに慶応元年（一八六五）には諸色会所、慶応三年には国産改所の設立案なども出されている（森田武「幕末期における幕府の財政・経済政策と幕藩関係」）。

幕府は、貿易と流通の統制を試み、そこから利益を引き出そうとし、さらに桑栽培を制限して生糸生産の抑制まで図った。それは、生産者の自由な生産と流通、そして貿易の発展を阻害し、貿易により海外から富を取り込むことを妨げた。幕府は、少なくとも養蚕・生糸生産農家、および生糸商人の経済的発展を妨害する存在だった。

蚕種紙流通の統制

幕府は慶応二年（一八六六）五月、生糸蚕種紙改所を幕府領と大名領の各地に設け、輸出用のみならず国内用も含め売買されるすべての生糸を対象に、改所で改印を捺すことを義務づけた。さらに蚕種についても、蚕種紙の改印による統制が実施された。生糸、蚕種ともに改印にあたり、手数料の名目で口糸・運上・冥加という名の新税を取り立てた。

蚕種紙流通統制は、はじめ奥州伊達郡桑折（福島県桑折町）の蚕種商人が、冥加金上納と引換えに桑折代官から鑑札をうけたことから始まり、信夫・伊達両郡で鑑札をうけた蚕種商人が奥州一国に独占的販売を行った（奥州組）。武蔵国児玉郡などの蚕種商人は、奥州組に加入することによって鑑札をうけ、上州・武州で独占販売を試みた（本庄組）。これに同調しなかった上州那波郡嶋村（群馬県伊勢崎市）の蚕種商人は、上州岩鼻（群馬県高崎市）代官所に訴え、鑑札なしに岩鼻代官の許可で蚕種売買を行った（嶋村組）。

武州埼玉郡常泉村（埼玉県加須市）の名主らは慶応元年九月、幕府が全国で漉かれる蚕種元紙を全量買い上げて極印を捺し、それを蚕種製造業者に渡して種付けができたら点検のため提出させ、製造高に応じて紙代、冥加金を納めさせる、という構想を献策した。冥加金は、蚕種紙一枚につき永一四文で、年に一五万両になると推定された。

また、上州那波郡連取村（群馬県伊勢崎市）の年寄らは慶応元年一一月、蚕種紙の輸出解禁による大量輸出が価格高騰を引き起こしたことから、各地に会所を造り、蚕種紙を検査して改印を捺し流通させる統制方式を献策している。

幕府は慶応二年二月に献策を採用し、関東八か国と甲州・信州・越後・陸奥・出羽の一三か国に肝煎役を置いた。それは、①各地で漉き立てた蚕種元紙を代官所に差し出させ、そこから改印を捺した元紙を蚕種製造業者に下げ渡す、②製造が終わると紙代を納入させ、その三分の一は幕府、残りは肝煎役の収入にする、③輸出用は、製造された蚕種紙を代官所に差し出して改印し、一枚につき永一〇〇文の冥加金を納めさせる、という仕組みだった（落合延孝「武州一揆の史料紹介」）。

蚕種紙の統制は、蚕種商人の献策を幕府が採用して実施され、蚕種商人の一部が幕府と利益を分かちあう仕組みである。そこにはまだ生糸の流通統制は入っていない。

生糸蚕種紙改所の設置

武州一揆の攻撃対象は、横浜商人（生糸商・生糸肝煎・糸繭商・蚕種外国貿易商人）は有無をいわさず打ちこわし、その他の豪農商は対応次第、というのが原則だった。その中で、生糸蚕種紙改所とそこに詰めた肝煎役も打ちこわし対象だった。この生糸蚕種紙改所は、慶応二年正月に設置が触れられ、武州一揆は、生糸蚕種紙改印政策に徹底的に反対し、改所とそこに詰めた肝煎役などを激しく打ちこわした（近世村落史研究会「幕末の社会変動と民衆意識」）。

生糸蚕種紙改所の設置は、それまでの江戸問屋が横浜へ向かう輸出用生糸を改める方式を廃止し、生産地で生糸と蚕種紙の改め（改印）を行って統制し、運上を取り立てようとするものだった。その改印方法はつぎのような仕組みだった。

①近年、生糸の売買がいい加減になって人びとが困っているので、生産地の幕府代官が、

幕府領・旗本領・寺社領で生産された、京都へ送る糸（登せ糸）・国内で使う糸（織元遣い用）・輸出用糸（外国行き）をすべて検査し改印すること。改印手数料として糸の重量に応じて口糸（付加税）を取り立てること。旗本領と寺社領分の口糸は、手数料を差し引いて領主に下さること。大名領は、幕府の改印用の印を貸与するので幕府領と同様に改めて口糸を取り立て、その内から相当額の冥加金を幕府に納め、改めた生糸の内訳書を六月と一二月の二度最寄りの幕府改所に提出すること。

②蚕種紙も製造と売買がいい加減になり、質の悪い蚕種が流通して養蚕農家が困っているので、幕府代官が幕府領・私領を問わず選んだ蚕種商人を肝煎役に任命し、蚕種紙の元紙を漉き立てる産地から買い集めて改印し、それを蚕種製作人に渡すので、製作人は改印のある元紙に蚕種を仕付け、住所と名を書いて販売すること。輸出品は最寄り幕府改所に提出して改印を受け、相当額の冥加金を納入すること。

③今後は、生糸も蚕種紙も改印のないものの売買を禁止する。

八王子宿生糸蚕種紙改所

上州岩鼻陣屋は慶応二年（一八六六）四月二一日、上野国では藤岡町（群馬県藤岡市）以下一二か所、武蔵国では、本庄宿（埼玉県本庄市）・八幡山町（同前）・寄居村（埼玉県寄居町）・本野上村（埼玉県長瀞町）・大

宮郷（埼玉県秩父市）・小鹿野村（埼玉県小鹿野町）・下吉田村（埼玉県秩父市）に生糸蚕種紙改所を設置すると触れた。慶応二年四月二〇日に江川代官所から、多摩郡では八王子宿（横山宿）に設置されることが触れられた。改所には代官手代が詰めるとともに、そこに詰めて改印の実務を担う肝煎役一〇名も任命された。肝煎役はつぎの一〇名である。

武蔵多摩郡下図師村（町田市）名主　周次郎
相模津久井県日連村（神奈川県相模原市）組頭　岡部政右衛門
相模高座郡小山村（神奈川県相模原市）名主　原清兵衛
武蔵多摩郡砂川村（立川市）名主　源五右衛門
武蔵多摩郡福生村（福生市）名主　十兵衛
武蔵多摩郡田無村（西東京市）名主　下田半兵衛
武蔵多摩郡鑓水村年寄　要右衛門
武蔵多摩郡八王子寺町宿　弥八
武蔵多摩郡八日市宿名主　三郎右衛門
武蔵多摩郡横山宿名主　七郎兵衛

下図師村（旗本領）以外は幕府領である。この中で鑓水村の要右衛門はいわゆる鑓水商人で、明治元年（一八六八）一二月には生糸鑑札を新政府から許可されている生糸商人である。福生村の十兵衛は大惣代を務める大規模な酒造家で、生糸との関わりは不詳である。田無村の下田半兵衛は多摩北部屈指の豪農で大惣代を務め、慶応元年（一八六五）には蚕種紙九四〇枚を横浜に売却しているので、蚕種売買にも関わっていたらしい（『田無市史』第三巻通史編）。全員が地域の豪農、有力者であり、おそらく生糸・蚕種紙の取引に何らかの関わりをもつ人びとだったらしい。周次郎から要右衛門までは、二人が組になって交代で五日間改所に詰め、八王子宿の三人は、一ないし二人が毎日改所に詰める、という勤務体制だった。

生糸蚕種紙の改印方法

慶応二年（一八六六）五月四日から改所の業務が始まった。改印の具体的な方法はつぎのようなものだった。

①生産者は、輸出用と国内用ともに代官・旗本・寺社の姓名、村名、生糸の目方を記し、印を捺した小札を生糸に結びつけ、糸を括ったところを厚紙で包んで改所に提出する。

②口糸（運上）は生糸一貫目（約三・七五キログラム）につき、国内用（島田糸）は一五匁、輸出用（提糸〈さげいと〉）は三〇匁、それを代金（時相場）で取り立てる。

③商人が買い集めた生糸も国内用と輸出用に仕分けて帳面に記し、改めをうける者の名を記し印を捺す。

④すでに買い集めていた古糸も、改印のない糸の売買は禁止なので、生産地の領主名と村名がわかる分は帳面に記し、改めをうける者の名を記し印を捺す。

⑤蚕種紙については、元紙を集荷、配布する季節を外れたため、冥加金についてのみ触れ、輸出用は一枚につき永一〇〇文を上納する。

そして、改所の改印のない生糸は売買禁止になり、改印のない輸出用生糸は神奈川奉行が横浜から差し戻すことになった。

五月四日の八王子宿生糸相場は、一両につき、提糸は三三、四匁、島田糸は三五、六匁、運上は一両につき四五匁だった。運上の糸価は、生糸相場より安く設定されている。

国内用糸の運上免除要求

運上の免除を要求する動きは、上州では改所設置間もなく始まったようである（坂本達彦「慶応二年生糸運上徴収実施と改革組合村惣代層」）。多摩では、慶応二年（一八六六）七月に国内用生糸の改印免除を求める嘆願が、八王子宿役人らから出ている。宿役人らは、輸出用生糸を改めるのは、江戸の糸問屋により行われてきた経緯があるので理解できるが、国内用もすべて改めるのは新規の措置で、つぎのような問題があると主張し、国内用生糸の改印免除を求めた。

①農家は、自身で養蚕し生糸をとり織物を織るか、生糸を自村・他村の織屋や糸商人に売り、八王子宿の市へ持ち出すことなく自分勝手に売買してきたので、改印をうけるためわざわざ八王子宿まで出向くのは、手数がかかってしまう。

②現実には、改印なしに村内で相対に売買してしまうので、市に出る者はいなくなって八王子宿が衰微する（その結果、甲州道中の伝馬役を果たせなくなる）おそれがある。

③規則通りの改印がない生糸の取引を禁じると、人びとの不満が高まり、物価高騰などにより暮らしの危機を迎えているとき（「当時節柄」）、武州一揆のような騒動（「違変」）が起こらないとも限らない。

改所は実際に設置され、改印による課税も行われたが、改所の廃止や国内用生糸の免除要求が相次ぎ、さらに改所の実務を担う肝煎役の豪農層が、武州一揆で打ちこわされるなどの事件も起こった。たとえば、八王子宿改所の肝煎役を務めた福生村の十兵衛は、一揆勢により打ちこわされている。なお、武州一揆で八王子宿改所も襲われたという指摘（伊藤好一『江戸地廻り経済の展開』）もあるが、その事実はない。

慶応三年（一八六七）四月、田無村名主の下田半兵衛は病気、日野宿（日野市）名主の芳三郎、鑓水村名主の要右衛門、上椚田村年寄の山口安兵衛、相州津久井県日連村組頭の政右衛門、小山村名主の原清兵衛、砂川村名主の源五右衛門、福生村名主の十兵衛の七人は、御用と村用が忙しいという理由で肝煎役の辞任を認められた。

肝煎役辞任と改所の機能不全

前年五月に任命された肝煎役二人が、すでに上椚田村の山口安兵衛と日野宿の芳三郎に代わっており、さらにその二人を含む八人が辞職してしまった。後任が補充されたかどうか史料で確認できないので、肝煎役は八王子宿役人だけになった可能性があり、改所それ自体が機能停止の状態になったかもしれない。これは、幕府の生糸蚕種紙流通の統制とそこから財政収入を獲得しようとした政策の破綻でもあった。また、武州一揆の結果であり、政策に反対した多くの生産者と商人たちの運動の成果だった。

肝煎役には、幕府から勤務手当（金額不詳）が支給された。八王子宿改所の肝煎だった鑓水村の要右衛門ら六人は慶応三年七月一七日、慶応二年分の「肝煎手当」を支給するので七月二四日に八王子宿改所に来るよう指示された（「御用留」田村半十郎家文書）。これは改所の性格と関わる。

改所は、生糸や蚕種の商人の一部が流通統制と運上を徴収する改印制度を献策し、運上を取り立てる権利を獲得した商人が、その運上の中から幕府へ冥加金を納めて利益を分かちあう、という方式ではなかった。つまり、改所は商人主体ではなく幕府主体だった。上州玉村宿（群馬県玉村町）大惣代の日記の慶応二年七月五日条に、「下々の者は、運上のことはすべて幕府が命じたことだと知らず、利益を貪ろうとする強欲者たちが幕府に願い出て、運上の取立てが始まったと理解し、その首謀者を捜し出して打ち殺したいと言っているという噂もある」と書かれている。つまり生糸蚕種紙改所は、幕府が幕府の必要から設けたのではなく、生糸や蚕種の商人が利欲から設けたもの、と「誤解」されたというのである（坂本達彦「慶応二年生糸運上徴収と改革組合村惣代層」）。

生糸蚕種紙改所についての研究には、蚕種の商人による蚕種紙統制の献策から改所設立を位置づけるものがあるが、改所の性格については誤解ではないかと考えられる。蚕種紙統制の献策が発端となっているものの、幕府が主体となって設置したのが本来の性格である。米価高騰、養蚕大凶作の状況のもと、五月初旬から始まった新たな統制と課税は、武州一揆を誘発する一因になった。幕府が貿易と財政政策の必要から設置した生糸蚕種紙改所は、武州一揆や養蚕・生糸農家と商人からの激しい抵抗をうけ挫折したのである。

武州一揆と多摩

武州一揆の多摩進出

慶応二年（一八六六）六月一三日に武蔵国秩父郡名栗村（埼玉県名栗村）から始まった一揆は、またたくまに武蔵と上野の両国に広がり、質物返還や物価引下げを要求しながら、各地の豪農・質屋・横浜向け商人などの居宅を打ちこわした。一揆勢による打ちこわしは、武蔵・上野両国の二〇二か村で五二〇戸に及んだ。多摩でも、青梅村（青梅市）や福生村（福生市）・中神村（昭島市）・宮沢村（同前）などで数軒が打ちこわされた。

一揆勢は、上州方面へ向かう一隊と武蔵国南部へ向かう一隊に分かれて進んだ。上野国をめざした一揆勢は、六月一八日に藤岡町（群馬県藤岡市）や新町宿（群馬県高崎市）で打

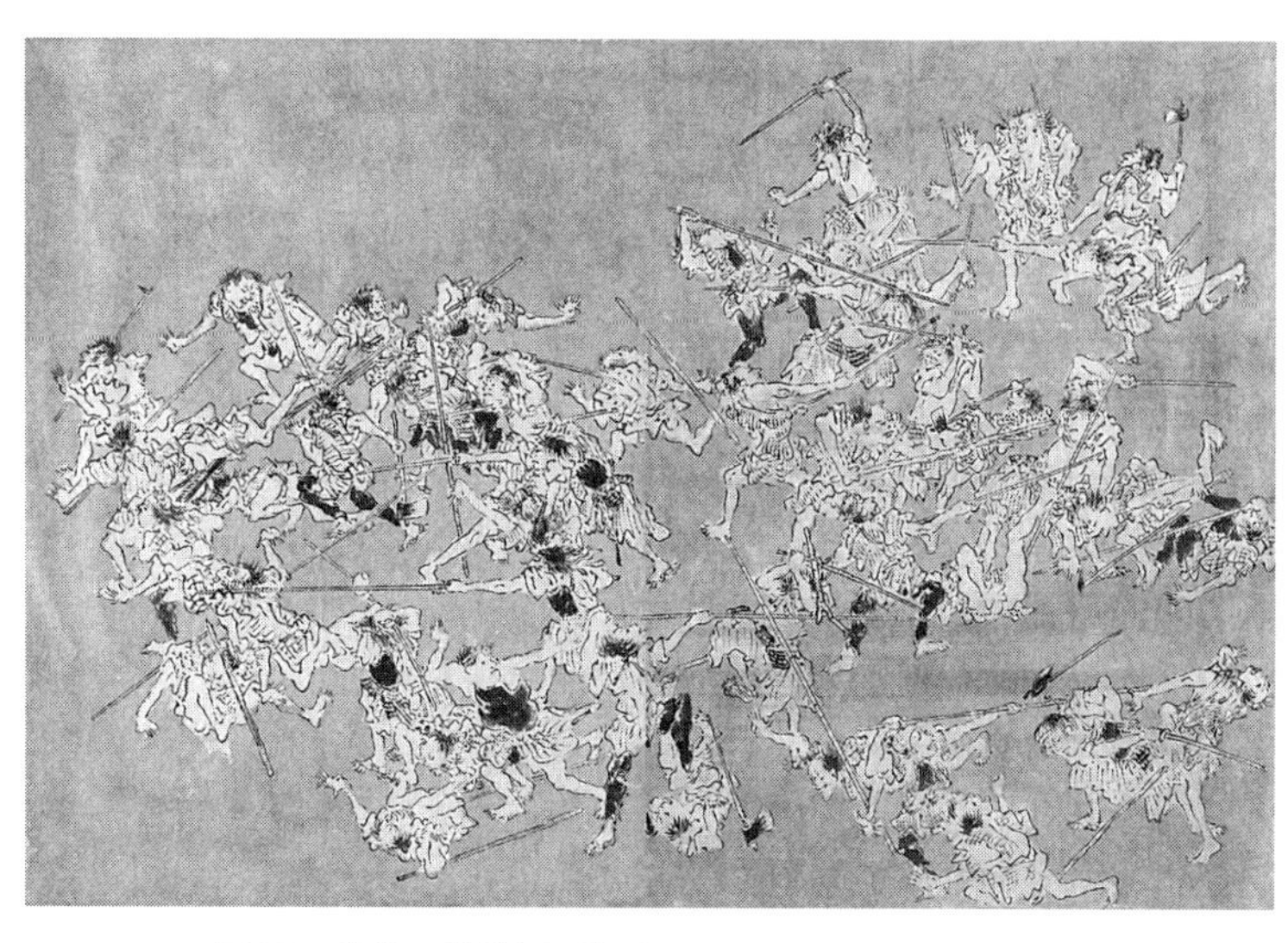

図15　武州一揆絵図（『根岸家諸記録』国立国会図書館蔵）

ちこわしを行ったが、岩鼻陣屋や上州諸藩の攻撃により鎮圧され、翌一九日に秩父大宮（埼玉県秩父市）近辺で終息した（『群馬県史』通史編4近世1、『新編埼玉県史』通史編4）。飯能（埼玉県飯能市）、扇町屋（埼玉県入間市）、所沢（埼玉県所沢市）で打ちこわしを行った一揆勢は、田無村（西東京市）・府中宿（府中市）方面をめざし、別の一隊は二〇〇〇人が五日市（あきる野市）方面、残る二〇〇〇人は八王子宿方面へ向かった（『里正日誌』九）。

多摩農兵による一揆鎮圧

一揆勢は六月一六日朝、柳窪村（東久留米市）まで進出して打ちこわしに取りかかったとき、鉄砲教示役の長沢房五郎と田那村淳に率いられた田無村組合農兵が攻撃した。即死者八人に及び、捕縛者一三人は江戸に送致された。府中宿方面へ向かった一揆勢は、ここで阻止された。

別の一揆勢は、六月一六日夕方に五日市方面へ進出したが、江川代官手代の羽鳥為助に率いられた五日市村組合農兵の攻撃をうけ、即死者一〇人、捕縛者二六人を出して阻止され終わった。

八王子宿方面へ向かった一揆勢は、道筋の福生村の田村十兵衛（酒造）・中神村の中野久次郎（縞買商人）・宮沢村の田村金右衛門（酒造）などを打ちこわし、六月一六日には多摩川左岸の渡船場築地村（昭島市）まで押し寄せ、多摩川を渡り八王子宿から横浜方面への進出を図った。

しかし同日、日野宿（日野市）に来ていた江川代官手代の増山健次郎の指示をうけて、多摩川右岸の日野渡船場を警備していた日野宿組合農兵に日野宿の佐藤彦五郎道場の剣士も加わり、さらに駒木野宿組合農兵らも合流して、多摩川を船で渡り築地渡船場に集結していた一揆勢を攻撃し散乱させた（以上『里正日誌』九）。一揆勢の死者と捕縛者の数は史料により差異があり、たとえば築地川原では、日野宿名主の佐藤彦五郎の書状によると死者一三人、逮捕者四四人である（『小島日記』32）。

日野宿の佐藤彦五郎、田無村の下田半兵衛、五日市村の利兵衛、駒木野宿の金平の四名は慶応二年（一八六六）一〇月二日、勘定奉行から老中に上申したうえで、武州一揆鎮圧の功績を「奇特」と讃えられ、褒美銀二枚を賜った（『武州世直し一揆史料』二）。日野宿、田無村、五日市村、駒木野宿組合農兵が、一揆鎮圧の主力になったからである。八王子宿と木曾村（町田市）のおも立った役人は、「あつく御誉め置かれ」ただけで褒美銀はなかった（『佐藤彦五郎日記』二）。

この差は、一揆鎮圧の功績の違いである。日野宿組合農兵へは、老中に上申したうえで勘定奉行から「奇特」と「厚く御誉め」があった。田無・五日市・駒木野宿組合農兵にも同様の「御誉め」があっただろう。佐藤彦五郎は、農兵に兵糧米を出したことも「奇特」として褒美銀一枚を与えられ、さらに悴の代まで苗字御免になるなど、手厚い褒賞をうけた（『武州世直し一揆史料』二）。

なお、粟須村名主の関根嘉門は、農兵の兵糧米として白米を差し出したことを「奇特の儀」として、老中への伺いを経て勘定奉行から褒詞をうけた（同前）。また、宮下村の縞買商人荻島源兵衛は、八王子宿役人の適切な防備手配により無事だったとして、見舞金一〇〇両を差し出し、八王子宿役人から感謝状を贈られている。

武州一揆勢鎮圧の様相

農兵らによる築地川原渡船場における一揆勢鎮圧の状況を紹介しよう。上椚田村在住の千人同心石川氏の日記（『石川日記』十二）六月一六日条に、つぎのような生々しい記事が書かれている。

（六月一四日）夜、八王子へ拝島辺から乱妨者が来るという噂があり、八王子宿は大騒ぎになった。駒木野宿やその他の農兵が出動してきて会所（生糸蚕種紙改所か助郷会所）前に詰めていた。その夜乱妨者は来なかったが、一五日も農兵は詰めていた。一六日になり江川代官から千人隊に要請があり、急いで稽古着と立付の服装で千人町へ出動した。組頭などには陣羽織を着ている者もいる。（乱妨者たちは）多摩川の北側を打ちこわし、福生村の十兵衛（田村家）という大家を打ちこわし、中神村の大縞買（中野家）を打ちこわし、八王子宿をめざした。築地渡船場に三〇〇人ほどが押しかけ、斧や鉈、あるいは掛矢（杭の打込みなどに用いた樫の木などで造った槌）を持つ者もいた。駒木野宿と日野宿組合農兵が渡船場へ行き、やってきた一揆勢を鉄砲で打ち留めたり、刀で切り殺したりして二、三〇人が即死した。それによって乱妨者を追い払い、（乱妨者たちは）チイチイバラバラ（てんでんばらばら）に逃げ去った。

日野宿の河野清助は、日記の六月一六日条につぎのように書いている（『河野清助日記』一）。

（一揆勢が）それから玉川をわたり、八王子へ通ろうとするところ、築地舟場手前に日野宿農兵と鑓や剣、その他得物（えもの）をもった一五から六十才までの男が早鐘（はやがね）で集まり、打ちこわし勢千人あまりが川を渡ろうとするところへ、川向こうから鉄砲を撃ちかけて追い散らし、鉄砲で打ち留めたり切り殺したりした即死人は一四人、怪我人は人数がわからないほどだ。

小野路（おのじ）村（町田市）元名主の小島鹿之助は、日記（『小島日記』31）の六月一六日条につぎのように書いている。

今日日野宿農兵が築地川原で賊徒八、九人を討ち取り、生捕りは二〇人ほど、田無農兵も同じように働いたので、賊徒は潰走（かいそう）した。

一揆勢について、千人同心の石川喜兵衛は「乱妨者」、小島鹿之助は「賊徒」、佐藤彦五郎は「打ちこわし乱妨人」などと表現している。

なお、築地川原と五日市村で「生捕り」になった逮捕者は八王子宿に集められ、そこから江戸の評定所に送致された（『佐藤彦五郎日記』二）。逮捕者数は史料によって異なり、

「打毀一件書留類」（『福生市史資料編』近世1）は三九名、『日野市史』通史編二（下）は四一名、『小島日記』31によると、総数は四四人、うち三二人が八王子宿、一二人が日野宿と大神村（昭島市）に預けられ、『佐藤彦五郎日記』二によると、評定所へ送られたのは、八王子宿から三一人、五日市から二四人、および日野宿から九人である。

日野宿から八王子宿に送られ江川代官手付に引き渡された逮捕者三二人のうち、多摩では、羽村村（羽村市）八人、拝島村（昭島市）四人、福生村二人、南木曾村（町田市）二人、北木曾村（町田市）一人、千ヶ瀬村（青梅市）四人、青梅村三人、高月村二人、長谷部新田（瑞穂町）一人、川辺村（青梅市）一人、小川村（小平市）一人、熊川村（福生市）一人、大川原村（不詳）一人、それに相模国愛甲郡山際村（神奈川県厚木市）一人とする史料もある（『武州世直し一揆史料』）。

高月村の沢井元泰が記した「世事見聞誌」によると、村民の三名が一揆見物に行き、一名は農兵に切り殺され、一名は鉄砲で肩先を撃たれて負傷、一名は召し捕られ、江戸へ送られて入牢したものの死罪にならず村に戻ったが、多額の金を無駄に費やしたという。

哀れむべきは一揆勢

一揆鎮圧の様子を聞いた日野宿の河野清助は、「寔(まこと)ニアハレ(哀れ。ム脱カ)ヘキハ打コハシノ人ナリ。実ニ古今マレ(稀)ナルソフドフ(騒動)ナリ」と、日記（『河野清助日記』二）の中で一揆勢への深い同情を寄せている。

日野宿や駒木野宿・八王子宿組合農兵は、一揆鎮圧に出動して一揆勢多数を殺傷する側に立った。それは、五日市村・田無村組合農兵も同じである。しかし、一揆勢が置かれていた状況は、鎮圧した側の住民も同じだった。だから河野清助は、一揆勢をただの「乱妨人」「賊徒」「暴民」や悪者と決めつけられず、それどころか共感・同情を覚えたのだろう。

農兵が多摩での武州一揆鎮圧の主力だったが、前に紹介したように多摩の住民にも一揆参加者がいる。打ちこわしのあった熊川村と福生村でも六名が逮捕されている（『福生市史』上巻）。一揆勢は人足や炊出しを強制したので、逮捕された者が自発的だったかどうかはっきりしない。一揆勢が進出できなかった多摩川右岸でも、高月村の者が逮捕された。打ちこわしの手伝いに行ったわけではなく、用事でその辺をうろうろしているうちに捕まった、と村役人らは釈明している（『福生市史資料編』近世1）。

開港・貿易開始は人びとの経済格差を拡大し、とくに第二次幕長戦争と凶作も重なって米価の高騰は暮らしに大打撃を与えた。三月に大霜により桑が枯れて養蚕が大不作になったことと、新たな生糸の流通統制と課税が加わり、地域社会を不安定化させ不穏な状況を生み出した。つまり、どこにも武州一揆のような打ちこわし、騒動が起こる可能性があった。それは、世直し一揆の起こる状況が至るところにあったということでもある。

世直し一揆の状況

慶応二年（一八六六）六月になると多摩には、五月二八日に品川宿（品川区）で打ちこわし、六月三日には江戸鮫が橋（新宿区）、同月四日にも江戸、同日に内藤新宿（新宿区）など、打ちこわし情報が相次いで伝えられていた。

多摩でも、五月二四、五日には、府中宿で打ちこわしの動きがあったが寺院の仲裁で回避された。六月七日には、八王子宿の生糸蚕種紙改所その他の打ちこわしを予告する張札（はりふだ）があり、六月九日には、木曾村の高札に、奸商（かんしょう）（不正な手段で利益を貪ろうとする商人）が諸品を高値に販売したら切り殺すと書いた張札があるなど、不穏な雰囲気に包まれていた（『小島日記』31）。

六月六日には柴崎（しばさき）村（立川市）で徒党（ととう）事件が起きた。柴崎村の困窮人が、質屋が今年四月に質物利息を引き上げて困っているときに、米の値段が高騰して生活できなくなったと諏訪神社の境内で集会し、質屋三軒から四〇〇〇両借用したいと訴えた。村役人は説得したが窮民は納得せず、もし質屋が要求を受け入れないなら打ちこわす、と主張する徒党騒動が起こったのである。村役人らは、四月に引き上げた質物利息を元に戻すこと、一〇〇両と大麦一〇〇俵を貸すことで交渉し、質物利息を以前に戻し、村内の富裕者が二〇〇両を窮民に施すことでいったんは話がまとまったらしい（『佐藤彦五郎日記』二）。他の史料では、二〇〇両で掛け合ったが破談になったという（『武州世直し一揆史料』二）。

生活が立ち行かなくなりせっぱ詰まった窮民が、引き上げられた質物利息の引下げと富裕者による救済（借金ないし施金）を強要し、要求を受け入れなければ打ちこわす、と脅迫したのである。武州一揆に通じる行動で、多摩でも広く起こった騒動である。

五月二四日の府中宿の騒動では、五、六〇人が天神山に集まり、買い入れた米を横浜へ送ろうとした米屋を打ちこわそうと相談したが、仲介人が入り、結局、困窮店借（たながり）一人に米一升、ひき割り一升を渡すなどの処置により収まったという。六月八日には、本宿村（檜原村カ）では、困窮人一五〇人に対して、一人に白米一升とひき割り一升ずつ施し、是政（これまさ）村（府中市）でも米一升と粟を施し、下染屋（しもそめや）村（府中市）でも救済があった（『武州世直し一揆史料』二）。これらは、打ちこわしなどの騒動が起こる寸前まで立ち至ったものの、速やかな救済措置で当面を凌ぎ、事なきを得たようである。

多摩でもこのような状況にあったなか、武州一揆は起きたのである。

上椚田村の騒動

上椚田村で起こった武州一揆とほぼ同じ頃の騒動は、柴崎村の徒党騒動に似ていて、この地域が武州一揆と同じような状況にあったことをよく示すので詳しく紹介したい。史料は、同村原宿に在住する千人同心石川氏の日記の別記である。表紙に「慶応二寅年六月吉日　諸色(しょしき)高値之事　諸色添日記控帳」と記され、大変に克明で生々しく貴重な記述なので、記事すべてを解説を交えながら紹介しよう。

武州一揆が起きていた頃、上椚田村（この村は、案内組・原宿組・川原宿組の三集落からなる）の川原宿に住む安兵衛（注）宅へ、上長房(かみながぶさ)村（甲州道中駒木野(こまぎの)・小仏(こぼとけ)の両宿、および駒木野関所がある）の人びとが押しかけてきて、（一揆勢が）所々の質屋を打ちこわしていると聞いたので、あなたの所にも打ちこわしに来そうな様子だ。私たちが入れている質物は、他人から借りた物なので、打ちこわしでなくなってしまったら困ってしまう。そこで入れている質物を年季をきって貸して欲しい、と要求した（これは「押借(おしがり)」行為で禁止されている）。安兵衛は、この要求を拒否した。上長房村の新井(荒)という所に住む勘左衛門は、すぐに村に帰って村人一同と相談し、上椚田村の案内組などへ話合いに行ったところ、案内組でもすぐに村中で相談し、安兵衛所持の畑を小作している者は小作年貢を下げて欲しい、そのほか質物利息の引下げを要求しようと相談している様子だという。安兵衛が住む川原宿の者たちも千体地蔵尊堂に集まって相談し、小作年貢を下げて欲しい、質物の利息を下げて欲しい、そのほか一〇〇両ほど貸して欲しいなど、めいめい色々なことを言っている。川原宿の者二人が上椚田村の原宿へ行き、川原宿住民の要求について話をした。原宿では住民一同がすぐに村庵に集まって相談し、まず小作年貢と質物の利息を下げてもらいたいものだという話しになり、相談のうえ川原宿によろしく頼もうということになった。その日の夜になり両谷戸（場所不詳、上長房村内か）の一同が小名路橋（上長房村から上椚田村へ行く途中の橋）まで押しかけ、さあ安兵衛、質物を貸すのか貸さないのか、と掛け合い、貸さないなら打ちこわすと威した。大勢で押しかけてとうとう質物を貸すと回答させ、二、三日たって一〇両以下の金を来年六月まで貸すことになり、「かし村」（借りる側の村と思われる）の名主の奥印を捺した借用証文で貸すことになった。そこで当村の南大貫から市五郎までの質屋は、仲介する者がいて安兵衛にならうことになり、原宿の質屋は小規模だから三両以下の金を貸すことに決まった。それで当村の者の質物も来年六月まで貸すことになり、他の村の者まで借りにやってきた。それから二〇日ほどたって、案内組の要吉という者が捕まった。それは七月一日の大風雨の夜のことだった。川原宿の案吉という者も捕まって、安兵衛方へ召し連れていったが縄付きのまま逃亡し、同じ川原宿の丑という者も逮捕されるところを逃亡し、新井の勘左衛門も逃亡した。翌二日に八王子宿へ要吉が引き出され、安兵衛の質物の件で取調べがあった。新井の勘左衛門も名主が連れてきてすぐに縄を懸けられた。取調べのうえ質物を安兵衛へ返すことになり、江川代官手代の鯨井（くじらい）俊司が駒木野宿へ来て、村役人立会のうえで質物はすべて返された。手代鯨井が駒木野宿へ出役した七月一四日夜、安兵衛家の裏の小屋が焼かれ、駒木野宿本陣の裏手の小屋にも火がつけられた。これは、質物の件で恨みをかって火をつけられたのだ。上椚田村の小質屋も、七月二一日に質物を元に返された。村方一同で相談して名主に頼み、大坂屋喜兵衛と大貫金一郎から五〇両を借りたいと願った。名主の大貫伝左衛門と石川喜兵衛（日記の記主）が大貫金一郎のところへ行って村の者の願いを話し、二人で五〇両を村方へ貸すことをやむなく受け入れた。来年六月までという借用証文をとって二人で二五両ずつ貸すことになった。当村の質屋南大貫と谷蔵の質物も戻った。安兵衛は質物が戻ったことから、村々で質物を入れていた者への見舞金として三〇〇両を差し出した。この騒ぎで代官手代が出役したりその他で二二五両かかり、駒木野宿本陣の金平宅で石川喜兵衛も立ち合って精算した。それにかかわって、当村の質屋も南大貫と谷蔵が一〇両差し出した。召し捕らえられた新井の晴之助は無職渡世、同村の幸次郎は無宿だった。

〔注〕安兵衛は、上椚田村川原宿組の年寄役を務め、伊勢屋の屋号で質屋を営むとともに、慶応三年四月には、生糸蚕種紙改所の肝煎(きもいり)役だったので、縞買あるいは生糸商人でもあったかもしれない。農兵取立にあたって、金二五〇両を江川代官所へ献金している（『里正日誌』八）。明治三年（一八七〇）には組頭、持高が村内で一二五石余、他村に三七石余で、この地域では群を抜く地主だった。家族は七人、下男三人・下女一人を雇い、牛が一匹いる（「明治三年上椚田村明細帳」）。

この記事から推測すると、上椚田村の騒動は六月中旬、武州一揆さなかのことではないかと推測できる。上椚田村や上長房村などの住民の要求は、①実質的な質物の取返しである「押借(おしがり)」（むりやり金品を借りること）、②質物の利息と小作料の引下げ、③金の無心、などだった。

村の中の集落ごとに住民が寄合を開いて相談し、また機敏に行動する者もいて、打ちこわしの威しを加えることにより要求の実現を迫っている。江川代官手代の鯨井俊司に捕らえられた者は、「無職渡世」「無宿」などだったということから、中心になって動いたのはそのような下層住民だったらしい。武州一揆では、豪農・富商・穀物商・酒造家・質屋などが打ちこわしの対象となり、質物の即時返還と証文の焼き捨て、質物利息や小作料の減免などが要求された。上椚田村の騒動でも、同じような要求が出され、それを実現しようとする行動様式もまたそれに近い。

上椚田村では、質屋たちが徒党勢の圧力に押されて質物を返し、借金を認めるなど要求を受け容れたため打ちこわしに至らなかっただけである。徒党勢は、代官所の力により取り戻した質物を返さざるを得なくなったが、質屋から三〇〇両を超える金を見舞金（実質は施金）として出させ、借金も認めさせた。また、宮下村の窮民三三名が慶応二年（一八六六）七月、地主で規模の大きな縞買商人に迫り、村方助成の名目で一〇〇両を出させた。そして一軒に二両、無利息で来年六月二〇日までに返済するという条件で、宮下村名主に宛てて借用証文を出した（『八王子織物史』上巻）。上椚田村の騒動でも安兵衛らへ窮民による無心があり、村役人の奥印で借用証文を出したのは、宮下村と同じことだろう。

続く不穏な状況

後ケ谷村（東大和市）の組頭は慶応二年六月一八日、質物のことで質置主ともめ（「置主と混雑におよび」）。質物の返還、あるいは利息引下げ要求だろう）、出役していた代官手代に伺ったところ、質置人が乱妨した場合は蔵敷村（東大和市）名主に相談し、農兵を出動させて打ち払うようにと指示されている（『里正日誌』九）。図師村（町田市）では、「小前不穏」が鎮静化したと七月一一日に名主たちが届け出、木曾村（同前）では七月二〇日に、大和屋忠兵衛を打ちこわすと人びとが押しかけた（『小島日記』31）。

これらは、武州一揆を鎮圧した地域を含む多摩全域が、一揆、打ちこわしなどの騒動が起こっても、何ら不思議ではない状況にあったことをよく示している。

武州一揆が起こりかねない不穏な状況はその後も続き、慶応三年も全国各地で一揆などの騒動が頻発した。現八王子市域周辺では、二月に忠誠隊青籏組を名乗る者たちが、宮下村の荻島家、上椚田村川原宿組の伊勢屋安兵衛、中神村の中野家など一二家から、万民救済を標榜して金をゆすり取ろうとする騒ぎが起きている。彼らは豪農商一二家へ個別に、二月二四日までに八王子宿千人町裏にある多賀神社の大槻の根元に金三〇両以上を埋め、目印に柳の小枝を植えておくよう指示した文書を送りつけた。もしこれに従わなければ、火をつけ武器をもって談判に及ぶと脅迫している。

幕末の変革期に生きた多摩の人びと——エピローグ

嘉永（かえい）六年（一八五三）のペリー来航から一四年、安政（あんせい）六年（一八五九）の開港、貿易開始から八年で江戸幕府は崩壊してしまった。対外的危機がなければ、それほど早く江戸幕府が解体することもなかっただろう。それほどのインパクトだった。対外的契機を抜きにしては、近世日本の政治・経済・社会の急激な動揺と早期の解体はなかった。多摩という一地域を通して、この巨大な変革を見てみようというのが本書の目的だった。

生糸・農兵・武州一揆

ペリー来航以降、多摩の住民には幕府と旗本から際限のないような負担を課された。それは、カネとヒトであり、幕府からは陸軍の兵卒の徴発もあり、百姓身分が兵士として戦争に駆り出された。さらに、ますます悪化した治安の維持を幕府から求められ、負担は軽くはなかった。そのような状況のもとで上層百姓の間で、地域の治安と家を守るため武芸の稽古がさかんになり、多数の剣客を生んで新撰組（しんせんぐみ）などの供給源となった。幕府は、百姓の武芸稽古を禁止しながら、浪人（士）の捕縛と殺傷を命じる矛盾した政策をとった。そして、地域の治安維持に動員する農兵を創設し、ヒトもカネも住民に負担させ、幕府の軍事・警察力を補完するものとして活用した。幕府のお膝元、関東地方の支配を強化するため、八王子宿に勘定所八王子宿陣屋を設置しようとした。

開港による貿易開始は、生産・流通に巨大な影響を与えた。開港が異常な物価の高騰を引き起こした一方、最大の輸出品になった生糸に、人びとは利益を求めて飛びつき、資産の乏しい農家は借金をしてでも養蚕に取り組み、生糸を増産していった。貿易を統制しようとする幕府の政策や鎖国攘夷を叫ぶ尊王攘夷（そんのうじょうい）運動を尻目に、欧米諸国が求める貿易の発展に応えた。それにより、貿易の利益を取り込んで富を蓄積し、米価高騰を物ともしないような金回りの良さに示された、経済の好循環も一部に生まれていった。豊かな者はますます豊かになり、貧しい者はますます困窮するという経済格差も拡大した。

養蚕は天候に左右される不安定な産業であり、借金までしてのめり込んだ農家の経営と地域社会を不安定にした。慶応二年（一八六六）は低温のため養蚕・生糸は大不作になり、農家と地域経済に大打撃を与えた。それに幕府の生糸蚕種紙改所設置による新たな生糸流通の統制と課税が加わり、武州一揆を引き起こした。一揆勢は苦難の元凶を貿易に求め、横浜向け生糸商人（浜商人）を徹底的に打ちこわしながら多摩川左岸まで進んだが、日野宿、駒木野宿、田無村、五日市村の組合農兵ら江川農兵により鎮圧された。しかし、武州一揆を鎮圧した村々も、武州一揆のような騒動が起きてもおかしくない、いわば武州一揆状況ともいうべき情勢が続き、明治維新を迎えた。

貿易と独立を支えた百姓

江戸時代の百姓は、貨幣経済、市場経済の発展とともに利益になる産物の生産に励むようになり、「社会の経済化」といわれる状況になっていった。開港による生糸輸出の隆盛は、百姓にとって利益獲得のチャンスであり、当然のように養蚕と生糸の増産に励んで富を獲得していった。その道を開いたのが、横浜商人たちであった。蘭方医の伊古田純道が、「此中ニテ横浜商人ヲ悪シハ、恩ヲ以テ讐トスルノ類ナランカ、此商人ナクンハ何ヲ以テ国産ヲ彼ニ販カンヤ」（『武州世直し一揆史料』）と論じ、横浜商人を憎むのは、恩を仇で返すようなものだという。その理由は、横浜商人がいなければ生産者は欧米諸国に生糸を売ることができなかったではないか、という指摘は興味深い。不安定な養蚕と生糸の増産に取り組み、それを横浜商人に売却し、横浜商人はそれを欧米商人に売って富を国内に取り入れた。養蚕・生糸農家と横浜商人たちこそ、欧米諸国の要求に応えて貿易を支えた人びとだった。その後も養蚕・生糸農家は増産と創意工夫に励み、近代日本の基軸産業に発展させる礎になったのである。

かつて山口啓二氏が「商品生産と商品流通の十九世紀半ばまでの達成と、それにより培われた国民的力量こそが、明治維新の政治変革とあいまって、不平等条約下の開国と「外圧」をのりこえ、民族独立と資本主義化の道を開いたのです」（『鎖国と開国』二九〇頁）という、筆者には印象的な一文を記された。植民地化せず資本主義経済を発展させた「国民的力量」とは、上記のような儲かる、利益になる物に飛びついて生産、増産する、社会の経済化に入り込んだ人びとの成立であろう。

農兵その後

慶応三年（一八六七）末まで農兵の活動を確認できるが、その後のことはよくわからない。慶応四年正月三日の鳥羽・伏見の戦いに敗れ、江戸に戻った新撰組の近藤勇や土方歳三らは甲陽鎮撫隊を組織した。官軍侵攻前に甲府城を確保するため江戸を出て、二〇〇名ほどが日野・八王子宿から与瀬宿（神奈川県相模原市）まで進出した。その際、日野宿名主の佐藤彦五郎や粟須村名主の井上忠左衛門らは、農兵二二名を率いて鎮撫隊に合流しようとしている。官軍との勝沼戦争の敗北とともに彦五郎や忠左衛門のみならず、農兵も厳しい立場に置かれることになった（『河野清助日記』一）。蔵敷村（東大和市）組合農兵は慶応四年閏四月、近隣の勝楽寺城山（埼玉県所沢市）に一〇〇人ほどの博徒・百姓が集った事件に出動し、発砲して解散させている（『里正日誌』十）。このように、地域の治安維持のため活動している農兵もあった。江川代官は慶応四年五月一二日、今年の春以来の情勢から農兵が砲術稽古を休んでいるが、最近の悪徒の蜂起や押込み強盗など、治安悪化の状況を大総督府へ申し上げたので、大規模にならない程度に砲術稽古を再開するよう指示している（「御用留」田村半十郎家文書）。江川代官は、新政府になっても、地域の治安維持のため農兵を活用しようとしていた。

田無村の下田半兵衛らが神奈川県令に差し出した明治七（一八七四）年五月の文書には、「去る卯年（慶応三年）より農兵の儀いつとなく相止め候儀に御座候」と書かれている（『里正日誌』八）。明治七年頃になると、農兵は「いつとなく」止めになったとしか記憶されていない。同年七月に下田半兵衛らが出した文書によると、明治二年に韮山代官所を引き継いだ韮山県から「御一新後農兵御廃止、右鉄砲返納致すべき旨」を命じられたという。これによると、韮山県は、明治二年に農兵廃止と鉄砲返納を命じている。

しかし、村側が治安維持のため鉄砲の拝借を希望したところ、明治三年四月、返納を命じられた「西洋ケヘール」の代わりに「西洋ミニヘール銃」三七挺を貸与された。このように、旧幕府代官が創設した農兵制度は廃止になったが、村側から鉄砲貸与を要請された新政府は、より強力な鉄砲に替えて貸与した（同前）。かなりの数のミニエー銃が民間に残ったことが、のちに明治政府にとって問題になり、その規制が行われることになるのである。

物価高騰と明治新政府

開港以降の物価高騰は、江戸幕府の手に負えるものではなかった。それは、幕府を倒した新政府にとっても同じことだった。

慶応三年（一八六七）一二月九日、倒幕派は王政復古クーデターを断行し、新政府の樹立宣言ともいうべき「王政復古の大号令」を発した。最後から二番目の箇条には、「近年物価が並はずれて高騰し、どうにもならない状態である、富む者はますます富み、貧しい者はせっぱ詰まった事態になっている、これは結局、為政者の出す法令が正しくなかったからである、民は王者の宝であり、すべてが一新されるときでもあり、天皇はお心を悩まされている、巧みな計略や知識によりこのような事態を救うことができる政策があるならば、誰でもよいので申し出ること」（鈴木淳他編『史料を読み解く4　幕末・維新の政治と社会』）と書かれている。

物価高騰は旧幕府の失政によるが、新政府にも解決の妙案がないことから、解決策を自由に提案するよう奨励しているのである。物価高騰問題は、新政権の正統性を問われる、あるいは民衆の支持を得られるかどうかの重要課題だった。

あとがき

私は、これまでおもに江戸時代後半の歴史を政治史的な手法で勉強してきた。江戸幕府の政治を中心に、天皇・朝廷や対外関係を組み込んで理解しようとした。支配・統治する側と支配・統治される側との鋭い緊張関係のなかで政治の流れを見ようとはしたものの、やはり支配・統治する側からの「上からの目線」が色濃いものになっている。そこから、支配・統治される側からの視線をいかに組み込むのか、という課題をいつも意識してきた。

幕末から維新期の政治史研究は、めまぐるしく変動する政局を精緻に描いてきたが、貿易の開始などによる経済や地域社会の変動と政治過程との関わりが、やや希薄になっているのではないかという感想を抱いてきた。また、幕末から維新変革に関わって登場するのは武士層が中心で、それ以外では地方の豪農商、知識人が取り上げられる程度であることにも不満を覚えていた。そこから、近世から近代への政治的・経済的な大変革の深部の力であろう民衆の成長を組み込んで考えることが課題だと考えてきた。

課題として意識はしていたものの、具体的な作業をする機会を得られなかったが、長らく住んでいる八王子市の市史編纂に二〇〇九年から参加する機会を与えられた。江戸時代に六〇か村以上の広域で、幕府代官は江戸の役所にいて大名も旗本も在地にいない、つまり日常的に領主の姿が見えない地域である。扱う史料は地方史料であり、必然的に支配・統治される側から江戸時代の歴史を考えることになり、地域の住民に即して江戸時代の成立から解体までをみる良い機会を与えられた。そのなかで、未曾有の物価高騰に直面しながら、「物ともせず米を買って暮らす」民衆の存在に驚き、開港でびっくりするほどの利益になる養蚕・生糸に、借金をしながら積極的に取り組み、富を獲得する民衆の存在が印象的だった。

本書は、『新八王子市史』近世編（資料編二冊・通史編二冊）のうち通史編4近世（下）の編纂から得られた知見を基礎にしている。その点で、近世編の編纂に尽力された方々の成果から学んだものでもある。ただ本書は、多摩全域から相模国（神奈川県）北部・武蔵国西南部（埼玉県）・上野国（群馬県）に視野を広げ、支配・統治される側から幕末の歴史を考えてみたものである。幕府や旗本からの際限のないような金銭的負担を負わされ、さらに、幕府の軍事・警察力を補完する農兵や幕府陸軍の兵卒など、ヒトとカネの両面で動員され、治安の悪化や体験したことのない物価高騰に苦しみながらも、養蚕と生糸などの増産に積極的に取り組んで貿易の発展を支え、近代産業の基礎を築いていった民衆を軸に描いてみた。

支配・統治された人びとの側から幕末の歴史をみる、という私にとって初めての体験であるため、上滑りの感をぬぐえないものの、地域住民に即して細部にわたるさまざまな出来事を明らかにできたと思う。

本書の刊行にあたり、新型コロナウイルスによる経済と社会の深刻な危機のなか、吉川弘文館の編集者には多大の御世話になったことを書き添えておきたい。

二〇二〇年四月

藤田　覚

主要参考文献

論文・著書

飯島千秋『江戸幕府財政の研究』吉川弘文館、二〇〇四年
井川克彦「横浜開港前における上田小県地方の製糸業」阿部勇・井川克彦・西川武臣編『蚕都信州上田の近代』岩田書院、二〇一一年
石井孝『幕末貿易史の研究』日本評論社、一九四四年
伊藤好一『江戸地廻り経済の展開』柏書房、一九六六年
大平祐一『近世の非合法的訴訟』創文社、二〇一一年
岡谷市教育委員会『ふるさとの歴史製糸業　岡谷製糸業の展開』一九九四年
落合延孝「武州一揆の史料紹介」『群馬大学社会情報学部研究論集』第一〇巻、二〇〇三年
同「幕末を生きた地方役人の歴史体験と歴史意識」『九州史学』一三六、二〇〇三年
近世村落史研究会「幕末の社会変動と民衆意識」『歴史学研究』四五八、一九七八年
斉藤修・谷本雅之「在来産業の再編成」梅村又次・山本有造編『日本経済史3　開港と維新』岩波書店、一九八九年
坂本達彦「慶応二年生糸運上徴収実施と改革組合村物代層」『関東近世史研究』五九、二〇〇五年
正田健一郎編著『八王子織物史』上巻、八王子織物工業組合、一九六五年

杉仁『近世の地域と在村文化』吉川弘文館、二〇〇一年
鈴木淳他編『史料を読み解く4　幕末・維新の政治と社会』山川出版社、二〇〇九年
高橋実『幕末維新期の政治社会構造』岩田書院、一九九五年
中沢市郎「伊古田純道の生涯と思想」『歴史評論』三〇五、一九七五年
平川新『日本の歴史十二　開国への道』小学館、二〇〇八年
藤田覚『シリーズ日本近世史⑤　幕末から維新へ』岩波新書、二〇一五年
森田武「幕末期における幕府の財政・経済政策と幕藩関係」『歴史学研究』四三〇、一九七六年
山口啓二『鎖国と開国』岩波書店、一九九三年
山崎隆三『近世物価史研究』塙書房、一九八三年
山本英貴『江戸幕府大目付の研究』吉川弘文館、二〇一一年
山本有造「明治維新期の財政と通貨」梅村又次・山本有造編『日本経済史3　開港と維新』岩波書店、一九八九年

史料

『石川日記』十一・十二、郷土資料館資料シリーズ二八・二九号、八王子市教育委員会、一九八九・九〇年
『江川坦庵全集』巌南堂書店、一九七九年
『尾崎日記』三・四、郷土資料館資料シリーズ四四・四五号、八王子市教育委員会、二〇〇五年
『河野清助日記』一、日野市教育委員会、一九九七年

『小島日記』29〜32、小島資料館、一九八七・九七・九八、二〇〇〇年
『佐藤彦五郎日記』一・二、日野宿叢書四・五冊、日野市、二〇〇五年
『改訂版　鈴木平九郎公私日記』四・五、立川市教育委員会、二〇一四・一五年
「大日本維新史料稿本」東京大学史料編纂所蔵
『高尾山石老山記』郷土資料館資料シリーズ五五号、八王子市教育委員会、二〇一五年
『福澤諭吉選集』第1巻、岩波書店、一九五八年
『武州世直し一揆史料』近世村落史研究会編、慶友社、一九七一年
『武州世直し一揆史料』二、近世村落史研究会編、慶友社、一九七四年
『里正日誌』七〜十、東大和市教育委員会、一九九四〜二〇一四年
アーネスト・サトウ『一外交官の見た明治維新』上・下、岩波書店、一九六〇年
シュリーマン『日本中国旅行記』雄松堂出版、一九八二年
ブレンワルド『ブレンワルドの幕末・明治ニッポン日記』横浜開港資料館編、日経BP社、二〇一五年

自治体史

『昭島市史』昭島市、一九七八年
『群馬県史』通史編4近世1・通史編5近世2、群馬県、一九九〇・九一年
『新八王子市史』資料編4近世2、八王子市、二〇一五年
『新八王子市史』通史編4近世下、八王子市、二〇一七年
『新八王子市史民俗調査報告書第2集　八王子市東部地域　由木の民俗』八王子市、二〇一三年

『新編埼玉県史』資料編7、埼玉県、一九八五年
『新編埼玉県史』資料編17、埼玉県、一九八五年
『新編埼玉県史』通史編4近世2、埼玉県、一九八九年
『田無市史』第一巻中世・近世史料編、田無市企画部市史編さん室、一九九一年
『田無市史』第三巻通史編、田無市企画部市史編さん室、一九九五年
『津久井町史』通史編近世・近代・現代、相模原市、二〇一五年
『八王子市史』下巻、八王子市役所、一九六七年
『八王子市史叢書2　聞き書き織物の技と生業』八王子市、二〇一四年
『東松山市の歴史』中巻、東松山市、一九八五年
『東大和市史』東大和市、二〇〇〇年
『日野市史』通史編二（下）近世編（二）、日野市史編さん委員会、一九九二年
『福生市史』上巻、福生市、一九九三年
『福生市史資料編』近世1、福生市、一九八九年
『目黒区史』資料編、目黒区、一九六二年
『横浜市史』第2巻、横浜市、一九五九年
『横浜市史』資料編1、横浜市、一九六〇年
『歴史の道調査報告書第五集　甲州道中』東京都教育庁生涯学習部文化課、一九九八年

著者紹介
一九四六年、長野県に生まれる
一九七四年、東北大学大学院文学研究科博士課程単位取得退学
現在、東京大学名誉教授、文学博士
〔主要著書〕
『近世後期政治史と対外関係』（東京大学出版会、二〇〇五年）
『日本近世の歴史4　田沼時代』（吉川弘文館、二〇一二年）
『泰平のしくみ』（岩波書店、二〇一二年）
『光格天皇』（ミネルヴァ書房、二〇一八年）

歴史文化ライブラリー
503

日本の開国と多摩
生糸・農兵・武州一揆

二〇二〇年（令和二）七月一日　第一刷発行

著　者　藤田　覚（ふじた さとる）
発行者　吉川道郎
発行所　株式会社　吉川弘文館
東京都文京区本郷七丁目二番八号
郵便番号一一三—〇〇三三
電話〇三—三八一三—九一五一〈代表〉
振替口座〇〇一〇〇—五—二四四
http://www.yoshikawa-k.co.jp/
印刷＝株式会社 平文社
製本＝ナショナル製本協同組合
装幀＝清水良洋・宮崎萌美

ISBN978-4-642-05903-9

歴史文化ライブラリー

1996. 10

刊行のことば

現今の日本および国際社会は、さまざまな面で大変動の時代を迎えておりますが、近づきつつある二十一世紀は人類史の到達点として、物質的な繁栄のみならず文化や自然・社会環境を謳歌できる平和な社会でなければなりません。しかしながら高度成長・技術革新にともなう急激な変貌は「自己本位な刹那主義」の風潮を生みだし、先人が築いてきた歴史や文化に学ぶ余裕もなく、いまだ明るい人類の将来が展望できていないようにも見えます。このような状況を踏まえ、よりよい二十一世紀社会を築くために、人類誕生から現在に至る「人類の遺産・教訓」としてのあらゆる分野の歴史と文化を「歴史文化ライブラリー」として刊行することといたしました。

小社は、安政四年（一八五七）の創業以来、一貫して歴史学を中心とした専門出版社として書籍を刊行しつづけてまいりました。その経験を生かし、学問成果にもとづいた本叢書を刊行し社会的要請に応えて行きたいと考えております。

現代は、マスメディアが発達した高度情報化社会といわれますが、私どもはあくまでも活字を主体とした出版こそ、ものの本質を考える基礎と信じ、本叢書をとおして社会に訴えてまいりたいと思います。これから生まれでる一冊一冊が、それぞれの読者を知的冒険の旅へと誘い、希望に満ちた人類の未来を構築する糧となれば幸いです。

吉川弘文館